W0054367

Eugen Drewermann · *Zeitreisen – Reisezeiten*

Eugen Drewermann

Zeitreisen – Reisezeiten

Walter-Verlag Solothurn und Düsseldorf

Fotos: Eugen Drewermann

Die Deutsche Bibliothek – CIP-Einheitsaufnahme

Drewermann, Eugen:
Zeitreisen – Reisezeiten / Eugen Drewermann. – Solothurn;
Düsseldorf : Walter, 1994
ISBN 3-530-16980-3

Alle Rechte vorbehalten
© Walter-Verlag AG 1994
Satz: Jung Satzcentrum GmbH, Lahnau
Druck und Einband: Offizin Andersen Nexö, Leipzig
Printed in Germany
ISBN 3-530-16980-3

Inhalt

Reisen in den Augenblick oder:
Zeit auf existentialistisch

Natürlich: Heidegger hat recht. Das Dasein des Menschen ist Zeitlichkeit, d. h. Sorge, Ausständigkeit, Ekstase, Transzendenz. Ich aber habe der Zeitlichkeit des Daseins ein Schnippchen geschlagen. Im letzten Urlaub. Sorglos und inständig. Statisch und immanent. Ich lebte im Augenblick. Und mehr war nicht nötig. Ich ließ das Laufband der Zeit ganz einfach stillstehen. Meine Freunde sagten mir später, ich sähe verjüngt aus. Das stimmt. Ich bin in der Zeit rückwärts gegangen. Denn es gab keine Zeit mehr. Nicht für mich. Sie floß weiter. Ich aber blieb stehen. So kehrte die Zeitordnung sich um. Das Spätere wurde das Frühere, relativ betrachtet. In der Zeit davor wußte ich von der Zeit nur, daß ich sie nicht hatte. Morgens das Aufstehen – exakt nach der Uhr. Ankunft im Dienst – exakt nach der Uhr. Mittagspause, Arbeitsschluß, Einkaufstätigkeit bei der Fahrt nach Hause, Abendessen, Briefe, Fernsehen – alles exakt nach der Uhr. Und vor dem Einschlafen – vergiß nicht den Wecker. Die Armbanduhr als Sklavenfessel. Das war normal. Alles hatte seine Zeit, nur ich hatte keine Zeit. Ich war nicht alles. Ich war ein Nichts oder ein Etwas, je nachdem, ein Rad im Getriebe der Zeit und zugleich das Korn, das sie mahlte. Zeit als Verschleiß, als Rohmasse eines Programms, das niemals mein eigenes war, obwohl ich es mitmachte. Was nur war plötzlich anders?

Ich sehe mich noch am Borkum-Kai von Emden-Außenhafen sitzen. Das Auto am Damm geparkt – ohne Gewähr der Wasserschutzpolizei gegen Hochwasser; ein diesiger Himmel über dem Brack; Schwalben, die unter dem überragenden Dach des Wasseramtes an der Ostseite ihre graugelben Lehmnester angeklebt hatten; blühender Klee, Zittergras, Kellerasseln auf den feuchtwarmen Steinen; eine Katze, die in majestätischer Gemächlichkeit die Wiese durchstreifte. Ich war viel zu früh angekommen. Um sicherzugehen. Um 14 Uhr fuhr die Fähre. Jetzt war es 12. Ich nahm mein bißchen Gepäck und ging langsam über die Zugbrücke zu dem Restaurant an der Mole. Zwei Stunden, in denen ich nichts zu tun hatte. Das Leben hatte einen Sprung bekommen, und in das Loch der nicht mehr festgelegten Abfolge der Ereignisse sickerte die verlorene Zeit, sie sammelte sich, trug mich empor und schwemmte mich fort.

Ich schloß die Augen. Vor mir lag das Meer – wann hatte ich es das letzte Mal gesehen? Es schimmerte silbern unter der tiefstehenden Sonne bis zum Horizont. Seeschwalben mit ihren klugen schwarzen Köpfen zogen darüber hin. Ich zog die Schuhe aus und watete, erst zögernd, dann immer mutiger in den leise plätschernden Wellen der Ebbe nach. Wie warm das Wasser war! In phantastischen Mustern brach sich das Licht in den Kräuselungen des Wassers und spielte glitzernd über dem wellig geschwungenen Sandboden hin: Tigerfellmuster, Zebramuster, Muschelmuster – die Formen wanderten, erneuerten sich und waren doch niemals dieselben. Kleine Garnelen, graugelb wie der Untergrund, schossen ruckartig durch die Gebirgszüge der Sandriffel, die ihnen riesig vorkommen mußten, dann klammerten sie sich fest, schoben ihre kleinen dicken Köpfe vor und verschwanden in einer der unendlichen Lachen aus Licht. Ich drehte mich um. In der Ferne die weiße Silhouette der Strandhotels. So von weitem verloren sie ihre protzige Aufdringlichkeit. Der tiefblaue Himmel rückte sie auf ihre wirklichen Maßstäbe zur bloßen Kulisse zurecht. Doch ihr Anblick führte die Menschen herauf. Merkwürdig, daß ich sie bisher eigentlich nicht gesehen hatte. Burgengrabende Kinder, ballspielende Mädchen, sonnenbadende Frauen und Männer, ein verliebtes Paar, dem ein Winkel der Düne zum Lager diente, ein Hund, der in begieriger Bereitwilligkeit dem Stöckchenwurf seines Herrn nachsprang – kein einziger dieser Menschen wollte etwas von mir. Ich bewegte mich mitten unter ihnen, und niemand kam auf mich zu, niemand fragte, klagte, sagte etwas. O herrliche Gleichgültigkeit! Oder vielmehr: welch ein Geschenk der Selbstverständlichkeit, mit der ein jedes Ding sich selbst zu leben wußte! Ein beginnender Prielarm schlängelte sich durch das trok-kengefallene Watt. Warum gerade hier? Niemand konnte es wis-sen. Genug, daß er da war. Und so mit allem. Diese ganze Welt aus Menschen, Sand und Meer und Wolken war einfach nur da. Sie bedurfte keiner Begründung, sie erwartete keine Rechtfertigung. Sie ließ sich schmecken, fühlen, riechen, greifen, aber nicht be-greifen, nicht denken, nicht erklären.

Ich schlug die Augen auf. Der Himmel immer noch diesig. Das Brackwasser grau. Der Kellner am Nebentisch stellte gerade laut klappernd einen Stapel Teller zum Abtransport fertig. Ich be-stellte einen Campari. Als Aperitif auf die Ferien. Hinter dem grauen Horizont, bald schon in wenigen Stunden, würde ich die-ser Welt aus Sonne und Wasser begegnen. Sobald das Schiff kam. Ich würde die Zeit vergessen. Ich würde Zeit haben ...

Ich habe die Zeit vergessen. Tagelang. Ich habe begonnen, glücklich zu sein. Wohl sind die Ferien vorüber, und doch hoffe ich wieder auf jenes Loch im Fluß der Zeit. Es wird meine Zuflucht sein. Ich schließe am Arbeitstisch die Augen und sehe ganz hell. Das Glück ist ein Augenblick, da die Zeit stillsteht. Eine Zeitreise in einen reinen Moment der Ewigkeit. Natürlich: Heidegger hat recht. Alles ist eine Frage des Entwurfs. Doch das Nicht-Entwer-fen zu entwerfen – das offenbar ist die Kunst.

1 *Am Hindenburgdeich bei Sylt.* Die Weite, die Sonne und das Meer – Licht, das sich in jeder Woge widerspiegelt –, ein Bild der Sehnsucht, der Unendlichkeit und Stille.

2 *Bronzezeitliche Schiffssetzung von Gannarve bei Fröjél auf Gotland* (1000–300 v. Chr.), 29 m lang, 4,5 m breit. Der Ufersaum des Meeres als das Gestade der Ewigkeit – ein uralter menschheitlicher Gedanke, der bei Ägyptern, Kretern, Griechen, Römern ebenso bekannt war wie bei den Inkaperuanern und in der Südsee: das Leben als ein Weg zum Ufersaum des Todes, das Sterben als ein Übersetzen in ein Jenseitsland des Glücks.

Reisen in Afghanistan oder:
Zeit auf islamisch

Was in den Ländern, die ein Reisender betritt, mag im Fluß der Zeit als Fortschritt oder Rückschritt, Entwicklung oder Abbau, Verbesserung oder Gefahr erscheinen? Ein Zeitsprung von nur zwanzig Jahren kann sehr lehrreich sein! Im Jahre 1970 demonstrierte man in Frankreich, in Deutschland, Japan und Italien für Onkel Ho, ereiferte sich gegen den Schah von Persien, zeigte großes Verständnis für den Sozialismus der irakischen Baathpartei und brach in einer Art zweiter Jugendbewegung in immer neuen Wellen nach Afghanistan und Nepal auf. Nach Nepal, weil es dort Haschisch offen auf der Theke zu kaufen gab, in das Wüstenland Afghanistan, weil es sich mit der Romantik von Freiheit, unverfälschter Kreativität und vitaler Ursprünglichkeit verband. In jenen Tagen konnte man, mehrmals die Woche, einen Omnibus besteigen, der auf der Route nach Nordindien in 3 ½ Tagen bis Istanbul fuhr, dann ausgewechselt wurde gegen ein Gefährt, das in drei Tagen über Ankara und Erzurum nach Täbris fuhr, um nach einem weiteren Tag Teheran zu erreichen. Unterwegs wechselten manchmal die Busse, aber die Fahrer blieben dieselben. Das Material war kostbarer als die Menschen. Entsprechend hoch waren die Unfallzahlen. Ostanatolien glich in jenen Tagen einem Autofriedhof, und man verstand, warum die frommen Muslime vor Beginn der Reise und besonders vor Beginn der endlosen Haarnadelkurven im Osten der Türkei Allah um Beistand bei vielem baten, was dem westlichen Betrachter weniger als Zeichen ungetrübten Gottvertrauens denn haarsträubenden Leichtsinns erscheinen mußte. Für gänzlich Unentwegte stand in Teheran, wie zur Belohnung, indessen bereits der nächste Autobus zur Wallfahrtsstadt Maschad bereit, und wer nach weiteren 30 Stunden durch die persische Wüste dorthin gelangt war, auf den wartete bereits ein afghanischer Reisebus nach Kabul, Peshawar, dem Kyberpaß, Lahore und Amritsar. Eurasien auf Rädern. München–Neu Delhi, in, wer wollte, rund drei Wochen.

Es fanden sich immer wieder Leute, die das wollten. Wir waren etwa zehn Männer und Frauen. Eine deutsche Studienrätin, zwei amerikanische Hippies, eine französische Studentin, eine holländische Hausfrau, ein italienischer Falkenzüchter, ein deutscher Flötenlehrer, der neben Türkisch auf dem Umweg über das Sanskrit schon probeweise sich ins Hindi eingearbeitet hatte, zwei deutsche Maultrommelspieler und ich selber. Total erschöpft in Maschad angekommen, hatte am anderen Tag ein Bus der Astco (Afghanistan Street Company) uns nach Herat abgeholt. Allen mitgebrachten Theorien zum Trotz: Herat erschien uns wunderbar. Das heißt nicht die Stadt, von der sahen wir gar nichts; aber das Hotel! Ein Meisterwerk englischer Entwicklungshilfe. Es übertraf die Offizierskasinos der Kolonialzeit an Glorie bei weitem – und ebenso an Dummheit. Draußen drehten sich wie vor viertausend Jahren die von Eseln gezogenen Dreschschlitten im Kreise, und dicht daneben prunkte in Rosa-weiß ein Hotelbau, wie es ihn in dreitausend Kilometer Entfernung kein zweites Mal gab. Ein Asyl für Luxusreisende. Und das waren wir ja, was immer auch wir uns bis dahin eingeredet hatten.

Allerdings auch wieder nicht ganz.

Zwar fiel der Blick vom Balkon aus in einen riesig angelegten Swimmingpool, doch leider führte er kein Wasser; zwar hingen in allen Zimmern und Fluren Ventilatoren von beeindruckender Größe, doch hielt das E-Werk von Herat offenbar die Nächte für kühl genug, um die Stromzufuhr abzuschalten. Wir waren müde genug, um auch ohne Ventilationsservice zu schlafen, denn wir mußten uns beeilen. Am nächsten Morgen um acht Uhr würde der Astco-Bus nach Kandehar und Kabul auf uns warten. Es war 8 Uhr morgens. Die Außentemperatur betrug wie üblich etwa 30 Grad, und der trockene legendäre Hunderttagewind schien diesen Glutofen noch eher anzufachen als abzukühlen; auf der Straße trabte ein Zug von drei Kamelen schwer bepackt zur Stadt, von einem Kind am Seil geleitet. Wir hatten ein prachtvolles englisches Frühstück hinter uns gebracht. Wir fanden uns in bester Laune und diskutierten die Geschichte und Gegenwart des Nahen und Mittleren Ostens unter internationalem Gesichtspunkt. Das einzige, was uns noch fehlte, war der Omnibus der Astco. Daß er um 9 Uhr noch nicht erschien, war verständlich, schließlich bereisten wir Asien. Daß er um 10 Uhr noch nicht erschien, mochte verzeihlich sein. Um 13 Uhr aber schlug es uns dreizehn. Wir hatten nicht die rabiaten Anstrengungen der Reise bis hierher auf uns genommen, um in irgendeinem abbruchreifen Prunkhotel die kostbarsten Stunden unserer Ferien zu vertun. Man mußte etwas unternehmen. Noch einmal zur Vergewisserung: Auf dem Fahrschein, den man uns in München ausgestellt hatte, stand unzweideutig 8 Uhr vormittags – nicht 8 Uhr abends. Wir fragten den Hotelbesitzer: Fährt hier der Bus? Er hob bedeutungsvoll die Hände und erklärte beruhigend: Er fährt! Und wann, bitte, Sir, fährt er, der Bus? Er schlug die Hände ineinander, als wenn er sie von etwas Schmutzigem reinigen wollte, und zuckte freundlich blickend mit den Schultern.

Natürlich ging es so nicht.

Wir setzten uns zusammen, um auf Englisch, Französisch, Italienisch und Deutsch einen entsprechenden Beschwerdebrief an die Afghanistan Street Company zu richten. Einen ganzen Tag Verlust! Das mußte sie uns ersetzen. Wir saßen in schattigen Räumen, lutschten Wassermelonen und Datteln, schlürften kannenweise das afghanische Nationalgetränk: ceylonesischen Tee, und kamen uns richtig gut und richtig gerechtfertigt vor bei unserem Protestschreiben auf der Suche nach der verlorenen Zeit.

Der Omnibus kam wirklich. Bei Sonnenuntergang. Ob der «Sonnenuntergang» um 7 Uhr war oder 9 Uhr, hing ab von der Hitze auf dem Asphalt – der Gluthitze des Tages halten die Reifen nicht stand. Die Reisezeit im Orient ist nachts. Damals wie heute. Es war nur der europäische Einfluß gewesen, der uns den Orient bis zur Ostgrenze Persiens unter dem Schah hinausgeschoben hatte. An der Haltestelle hatten sich Frauen und Kinder eingefunden mit Ziegen, Schafen und Hühnern sowie einer Menge schwarzer verschnürter Bündel jeglichen Inhalts. Der ganze Hausrat ging hier auf Reisen; und das alles in diesem ausgedienten Hanomag, Bj. 39, der sich trotz der erheblichen Belastungen noch recht gut gehalten hatte. Deutsche Wertarbeit eben. Wir ließen uns auf die hinteren Bänke zusammenpferchen, dann drängte von der vorderen Seitentür her ein Strom von Menschen, Tieren und Gerätschaften nach, daß man glauben mochte, hier werde ein Experiment über das absolute Fassungsvermögen eines Reiseomnibusses veranstaltet. Doch nach etwa einer halben Stunde schien das Experiment gelungen. Alles, was vorher draußen stand, stand, saß, lag oder schwebte jetzt drinnen, bis auf ein paar Abschiednehmende. Die Türen wurden verschlossen, Gebete und Wünsche stiegen zum Himmel, und mit dem tuckernden Geräusch des Motors setzte der Bus sich langsam schleppend mit 20–25 km/h Höchstgeschwindigkeit die Hügel im Osten von Herat hinauf in Bewegung. Richtung Kandehar. Eine lange Nacht also, fürchteten wir. Hofften wir. Es kam alles ganz anders.

Nach etwa einer Stunde – wir waren höchstens 20 km weit gekommen – brach mit lautem Knall der Bus über der rechten hinteren Radachse nach unten. Ein unbeschreibliches Gekreisch entstand. Menschen und Tiere wetteiferten einen Moment lang in der Kundgabe des Schreckens. Als sich das Durcheinander lichtete und wir endlich im Freien standen, war alles ganz einfach. Der Bus hatte einen Platten, am rechten hinteren Reifen natürlich, dessen miserables Profil schon bei der Abfahrt Warnung genug hätte sein müssen. Man würde einfach den Ersatzreifen montieren müssen. Doch zu unserem Erstaunen tat der Fahrer nichts dergleichen. Wir fragten ihn. Wir zeigten ihm, da er Englisch so wenig zu verstehen schien wie unsereins die Sprache der Pathanen und Pashtunen, mit eindringlichen Gebärden, was ein Ersatzreifen sei, wo man seine Lage bei einem deutschen Hanomag vermuten dürfe und wo man ihn hinrollen und montieren müsse. Wir kurbelten an imaginären Wagenhebern, wir drehten mit irrealen Vierkantschlüsseln an den realen Schrauben des geplatzten Hinterrades herum, bis uns ein Mann erklärte, wie es sich wirklich verhielt. Es gab keinen Ersatzreifen und auch keinen Wagenheber. Irgendwann würde auf dieser Straße ein Bus der Astco aus

Kandehar eintreffen; vermutlich führe dieser Bus alles Nötige mit sich. Und wann sei irgendwann? Irgendwann.

Es ist erstaunlich, wie rasch das Temperament sich wandelt, wenn ein Mensch erst einmal begreift, daß nichts mehr zu machen ist. Die Zeit der Protestbriefe war endgültig vorbei. Wir setzten uns zwischen die am Boden kauernden Afghanen und schauten in den Himmel. Zum erstenmal auf der ganzen Fahrt sahen wir ihn wirklich: den wunderbaren Himmel der afghanischen Wüste. Weit und breit eine tiefschwarze Nacht, die von keinerlei künstlichem Licht verdorben wurde. In der trockenen Luft glitzerten die Sterne, mit bloßem Auge sichtbar bis zur fünften Größe. Und weit und breit kein Laut. Ein majestätisches Schauspiel begab sich vor unseren Augen, das in Sekundenschnelle unsere Maßstäbe zurechtrückte. Die Welt zerfiel, in der wir einklagbare Forderungen an die Menschen und die Erde stellen durften. Nach etwa zwei Stunden des Schweigens tauchte plötzlich ein Sandwich auf. Niemand fragte, woher es kam, vermutlich von der Studienrätin. Wir teilten es und kauten es krümelweise. Eine Feldflasche ging reihum; sogar die französische Studentin, die aus Angst vor Bandwürmern bisher niemals Wasser ohne Chlortabletten getrunken hatte, nahm davon. Der Flötenlehrer improvisierte etwas zwischen Manuel de Falla und Debussy, dann wieder Schweigen. Stundenlang. Doch kein Verlust. Uns ging nicht Zeit verloren, uns wurde Zeit geschenkt, in einer Welt, die es nur gibt – inschaallah, wenn Gott es will. Zeit auf islamisch, sozusagen.

Der Bus aus Kandehar kam – niemand wußte, wann. Buchstäblich: irgendwann.

3 *Afghanistan,* der Hilmend-Fluß, der in einem See an der persischen Grenze endet.

4 *Vor einem Teehaus am Rande der Straße.*

5,6 *Die Sultan-Ahmet-Moschee in Istanbul,* auch «Blaue Moschee» genannt, erbaut von Mehmet Ağa 1609–1616, eines der großartigsten Baudenkmäler des Islam, mahnt mit ihren sechs Minaretten in der Abendsonne wie von selbst zu Andacht und Stille. «Gott ist größer – Allahu akbar» – das ist die steingewordene Botschaft dieser «gotisch» anmutenden islamischen Kathedrale.

Das Innere der Blauen Moschee wirkt mit den Teppichen, den Fayencen und der über 43 m hohen, mehr als 22 m weiten Kuppel wie ein Stück Himmel auf Erden. Die Kanzel (Mimber) und Gebetsnische (Mihrap) sind aus weißem Marmor gefertigt; die Gebetsnische birgt als besonderes Heiligtum ein Stück des schwarzen Steins der Kaaba in Mekka, des Zielpunkts aller irdischen Wanderungen und Wallfahrten.

7 *Die Schahmoschee in Isfahan,* 1612–1630 unter den Safawiden er- baut, gilt als das vollendetste Kunst- werk islamischer Architektur. Am Meidan-Shah gelegen, bildet sie ein natürliches Zentrum des Lebens in- mitten der Stadt, die wegen ihrer Schönheit zu Recht *Nesf-e-djahan* (Die halbe Welt) genannt wird. Das Wasser- becken und die Springbrunnen wur- den 1936 unter Reza Schah Pahlevi an- gelegt.

8 *Der Taj Mahal in Agra* ist ein in Mar- mor und Edelsteinen gefaßtes Lied der Liebe über den Tod. 1630 von Shah- jahan errichtet als Grabmal für seine verstorbene Gattin Arjumand Banu, genannt Mumtaz Mahal (Die Krone des Palastes), gelegen an der Yamuna, ist dieses Bauwerk das beredteste Zeug- nis der Zärtlichkeit zweier Liebender, das die Menschheit kennt –, ein Ok- togon mit einer 56 m hohen zwiebel- förmigen Zentralkuppel im Stil von Buchara, daneben vier Minaretts, die bis zur Kuppelhöhe reichen (41 m), gestellt auf eine 100 m lange quadra- tische Plattform aus Marmor.

Das Lächeln des Erleuchteten
von Bamian oder:
Zeit auf buddhistisch

Es gibt Orte, die aus der Zeit herauszutreten scheinen, indem sie überhaupt nur sind als Zeugen einer immerwährenden Zeitlosigkeit. Ein solcher Ort ist Bamian, am Rand der Westausläufer des Hindukusch, im Herzen von Afghanistan.

Dorthin zu kommen war nicht einfach, auch damals nicht, als es für westliche Touristen immerhin noch möglich war: – noch waren die Sowjets nicht in Erfüllung der Breschnew-Doktrin den «fortschrittlichen» Kräften des damaligen Königsreichs «zu Hilfe gekommen», um das Land ihres südlichen Nachbarn aus verständlicher Furcht vor dem islamischen Integralismus, wie westliche Beobachter nachsichtig erklärten, in einen unabsehbaren Bürgerkrieg mit einem Massenexodus von über 5 Millionen Flüchtlingen und mit Verlustraten von vielen Hunderttausend Toten und sicherlich dem Fünffachen an Schwerverwundeten und Verletzten zu stürzen. Damals begannen die Schwierigkeiten des Reisens im Zentrum von Kabul damit, daß es keine «ordentlichen» Fahrten nach Bamian gab. Wer dorthin wollte, war auf den «normalen» Omnibusverkehr angewiesen, der im Sommer bis zu dreimal wöchentlich zwischen der afghanischen Hauptstadt und der winzigen Bergsiedlung hin- und herpendelte, und so mußte er als erstes herausfinden, wo es denn die Tickets zu lösen und die Abfahrt der Busse zu erwarten galt. Eine Selektion der Fittesten in Fragen Findigkeit.

Wie erklärt man jemandem, der des Englischen nicht mächtig ist, daß man nach Bamian will?

«Bus»... «Bamian»... «Aber ja, Sie gehen die zweite Straße links, dort...» So einfach, schienen die Handzeichen der freundlichen Afghanen zu besagen. Wie soll man auch wissen, daß es eine Kultur der Gastfreundschaft gibt, die darin besteht, einem

Fremden jede Frage zu beantworten, selbst und gerade diejenigen, die man selber nicht versteht? Hinzu kommt, nach wenigstens vier Stunden Laufens im Kreis bei 45 Grad im Schatten, der Effekt des Huhns am Lattenzaun: die Geschäftsstelle der Bamian-Tours verbarg sich hinter einem Bretterverschlag, den man als Schiebetür zu einem staubigen Innenhof mit einigen LKWs erkennen mußte; überquerte man diesen Hof, dann wirklich in der Ecke links... Der Bus würde morgens um 6 Uhr abfahren. Vorsicht also! Wenn in Afghanistan ein Reisebus, statt wie üblich abends, des Morgens abfährt, so will das als erstes besagen, daß es keine Asphaltstraßen gibt, denn sonst würde man zur Schonung der Reifen die Abendzeit bevorzugen, und zum zweiten besagt es, daß die Route halsbrecherisch genug sein wird, um die Schluchten, Bergpässe und Flußdurchfahrten ausschließlich am hellen Tage passierbar zu machen. Nicht zu erraten freilich war die Art des Gefährts selbst. Die besten, d. h. die am meisten strapazierfähigen zivilen Verkehrsmittel jener Zeit waren in Afghanistan die kleinen buntbemalten amerikanischen Kinderbusse, mit denen die US-Entwicklungshilfe einen landesweiten Schulunterricht und damit ein Gegenstück zu den dörflichen Koranschulen hatte ermöglichen wollen. Für die afghanischen Kinder waren diese schönen Busse natürlich viel zu schade. Vor allem ihre hölzernen Flachdachkonstruktionen erlaubten eine Ausdehnung der vorgesehenen Transportkapazität um weit mehr als 30 Prozent; mit anderen Worten: ein solcher Bus konnte erst wirklich als «voll» und also abfahrbereit gelten, wenn zum wenigsten ein gutes Dutzend verwegener Burschen auf dem Dach des Busses zwischen den schüttelfest verschnürten Gepäckstücken sich verschanzt hatten, während die «Insassen» im eigentlichen Sinne auf den zentimeterhohen Kindersitzen «Platz», das heißt den Kopf zwischen die Knie genommen hatten, um in dieser bizarren Lage ein fast eintägiges Geschaukel und Geruckel über sich ergehen zu lassen – belohnt dann freilich durch den Anblick eines der seltsamsten, einsamsten und großartigsten Orte der Welt.

Bamians Größe – das war die Zeit zwischen dem 9.–12. Jh., da der Buddhismus entlang der Seidenstraße Klöster und Karawansereien, Tempel und Pagoden, Handelszentren und Werkstätten errichtete und einrichtete. Der gütige Schutz des Erhabenen wurde erbeten, bevor die Karawanen sich an den gefahrvollen Aufstieg ins Karakorum wagten, und Dankgebete wurden entrichtet, wenn der Abstieg vom «Haus des ewigen Schnees» in die afghanische Hochebene ohne allzu große Verluste gelungen war. Hunderte von Klosterzellen wurden damals in den Gebirgszug getrieben, der fast senkrecht abfallend das Tal von Bamian umsäumt. Vor allem aber drei große Buddhastatuen wurden monolithisch aus dem Stein gemeißelt. Die höchste von ihnen, die mittlere, mißt 53 Meter und überragt majestätisch das gesamte Tal. Die Darstellungsweise selbst berührt eigenartig vertraut. Der aus Stuck gearbeitete Faltenwurf des Gewandes beispielsweise, der ohne den jahrhundertelangen Einfluß der griechischen Kunst auf die buddhistischen Bildhauer in dieser Form undenkbar wäre, zeigt den Buddha schon rein kunstgeschichtlich als eine Gestalt der Vermittlung an der Wegscheide zwischen Orient und Okzident. Was jedoch besonders den Anblick des Buddhas von Bamian zu einem unvergeßlichen Eindruck macht, ist sein «Gesichtsverlust». Im 13. Jahrhundert fielen die Horden Dschingis Khans in das friedliche Tal von Bamian ein, plünderten die Klöster, erschlugen die wehrlosen, wehrunwilligen Mönche und hinterließen Bamian als eine Ruine. Die brutale Macht, einmal mehr, hatte augenscheinlich gesiegt über die Güte und Friedfertigkeit weltabgeschiedener Weisheitssucher. Der Buddha schien widerlegt. Und um ihren Triumph noch für alle Zeiten sichtbar zu machen, schlugen die bilderfeindlichen Muslime dem Buddha das Gesicht ab. Sie töteten ihn magisch. Sie raubten ihm die Seele, den Atem, sie blendeten seine gütigen Augen, mit denen er bisher die Menschen in seinem Schatten begleitet und geleitet hatte, sie wollten nichts hinterlassen als eine Mumie aus totem Stein.

Doch was ihnen gelang, ist ein Sinnbild zeitloser Gültigkeit. Denn der Buddha von Bamian lebt. Man sagt, der Anblick einer Buddha-Statue zeige, je nach der Stellung des Betrachters, drei verschiedene Gesichter: von oben her trauernd, von vorne gleichmütig, von unten her lächelnd und heiter. Die Zerstörer vergaßen, dem Buddha den Mund wegzumeißeln, jenen Mund, mit dem er im Hirschpark von Sarnath das Rad der Lehre in Bewegung gesetzt hatte: die Lehre vom 12gliedrigen Zusammenhang der Leiden und vom 8fachen Pfad der Erleuchtung, die Botschaft von der weltumspannenden Meditation des Mitleids mit allen Geschöpfen, die Auflösung des Knotens der Knechtschaft in Unwissenheit, Begierde und Selbstentfremdung. Dieser Mund des Tathagata, des ganz Vollendeten, des Prinzen Gautama, der zum Buddha erst wurde nach Jahren des Ringens und Suchens, er lächelt! Man blickt auf zum Buddha, und es verliert an Belang, was eben noch so wichtig schien; man sieht in die unsichtbaren Augen des Buddha, und man sieht hinüber in eine andere Welt, die nicht beherrscht wird von der Jagd nach Macht und Geld und die nicht diktiert wird von dem fanatischen Glauben blutgieriger Götzen. Der Mund des gesichtslosen Buddha von Bamian redet eine Sprache zeitloser Humanität, wie sie entsteht, wenn man damit aufhört, wirken zu wollen, und sich aus dem Rad der Zeit herauslöst, um die einfachen Dinge zu lernen, die nicht vergehen, weil sie in sich selber gelten.

Die Natur selbst hat dafür gesorgt, das Tal von Bamian unsterblich zu machen. Ein Stück weit im Norden liegt Band-i-mir, ein Gebiet von fünf Bergseen, die je nach Wassertiefe und Algenbildung ganz unterschiedlich gefärbt sind: von blau über grün bis zu rot. Riedgras umsäumt die Ufer; Eseltreiber beim Durchqueren der Steppe machen hier Rast; und der fast wolkenlose Himmel spiegelt sich in jedem dieser Seen. «Die Finger Allahs» nennen sie die Muslime. Gott, als er die Erde streichelte, hat sie geschaffen. Auch an den Seen von Band-i-mir hebt einen Moment lang die Zeit sich auf, verschmilzt zwischen Himmel und Erde und wird zu einem unvergeßlichen Augenblick. Doch man muß von dort zurückkehren nach Bamian, damit zur Überzeugung wird, was sonst nur ein flüchtiges Erlebnis bliebe: die Gestalt eines Menschseins, die einfach nur ist – das Ende des Kreislaufs der Zeit, die Zeit auf buddhistisch.

9 *Bamian, am Fuße des Hindukusch,* ist berühmt seiner 53 m hohen Buddhastatue wegen, auf die noch heute alle Wege hinzuführen scheinen – eine Oase des Friedens und der Ruhe mitten im zentralasiatischen Afghanistan, ein Ort buddhistischer Versenkung jenseits von Zeit und Raum.

10 *Die große Buddhastatue in Bamian* muß aus dem 5.–6. Jh. stammen, sie ist aus dem Felsen gehauen und dann mit einer Stuckschicht bedeckt worden, um den Faltenwurf eines Mönchsgewandes darzustellen; noch heute trägt der Mantel Spuren roter und blauer Farbe. Die Bilder in der Nische oberhalb des Hauptes des Buddha zeigen schönäugige Bodhisattvas, mit langen geschmeidigen Gliedern; dem Bodhisattva *Maitreya* (der wohlwollende, der kommende Buddha – der «Messias» oder «Menschensohn» des Buddhismus) wendet sich eine Frau mit schmaler Hüfte und hoher Brust zu, Weihegaben in den ausgestreckten Händen.

11 *Eine Beerdigung in Kathmandu*

12 *Der buddhistische Stupa von Bodnath,* acht Kilometer im Osten von Kathmandu, versinnbildlicht die Lehre des Buddha selbst; die Gebetsfahnen der Gläubigen führen zum Haupte des Erhabenen, dessen Augen nach allen Himmelsrichtungen schützend die Menschen betrachten. Bodnath ist eine der ältesten und schönsten Baudenkmäler Nepals und wird heute von dem Chini Lama (dem Lama aus China) bewacht. Zahlreiche tibetische Flüchtlinge haben hier ihr Asyl vor der rotchinesischen Unterdrückung gefunden.

13 *Der dreistöckige Bhairab Nath in Bhadgoan (Bhaktapur),* 15 km im Osten von Kathmandu, steht an der Ostseite des Tempelplatzes aus dem 17. Jh. Die Architektur verweist auf den Einfluß chinesischer Pagoden und ist zugleich ein Abbild der Bergkulisse des Himalaya. Wie keine andere der großen Menschheitsreligionen vereinigt der Buddhismus durch seine hohe Toleranz ganz verschiedene Kulturkreise in sich und ist durch seine Gewaltlosigkeit auf sensible Weise der Natur verbunden geblieben.

14 *Band-i Amir* ist ein einzigartiges Naturschauspiel, das eine religiöse Deutung wie von selbst auf sich zieht. Natürliche Sinterdämme haben hier eine Gruppe von fünf Seen gebildet, die je nach Tiefe und Mineralgehalt eine blaue bis rötliche Färbung aufweisen.

15 Es ist schwer ein Ort vorstellbar,
der andächtiger stimmen würde als
Band-i Amir in Zentralasien in seiner
majestätischen Schönheit und herben
Wildheit.

Die Stufen von Benares oder:
Zeit auf hinduistisch

Benares ist ein Ort, der jeden religionsgeschichtlich interessierten Laien zur Verzweifelung bringen muß. Da hat man sich also in Vorbereitung einer Indienreise als sorgfältig planender Tourist wochen- und monatelang durch die Lektüre aller möglichen Bücher auf die Begegnung mit dem Hinduismus an seiner zentralen Stelle: in Benares eben, innerlich eingestellt, man hat, um die Zeit der Anreise zu verkürzen und die des Aufenthalts zu verlängern, eigens ein Flugzeug der Indian Airlines bestiegen und ist erwartungsvoll auf dem kleinen Rollfeld in der Nähe der heiligen Stadt gelandet – und da ergeht es einem unfehlbar, wie wenn ein Skandinavier – sagen wir ein Schwede oder Norweger –, um sich auf eine Mittelmeerreise einzustimmen, sich in aller Gründlichkeit mit den Anschauungen des Katholizismus auseinandergesetzt hätte, und plötzlich stünde er in Fatima oder in Lourdes. Mag sein, er hat mit allem möglichen gerechnet, aber damit nicht. Die Katholiken beispielsweise, hat er gelernt, beten die Muttergottes nicht an, sie verehren sie nur; doch wenn man jetzt sieht, wie siebzigjährige Frauen mit blutigen Knien über den steinernen Platz zum Baum der Erscheinung rutschen ...

Ich hatte in Benares mit einer Gedenkstätte des Buddha gerechnet. Denn gerade hier, im Hirschpark von Sarnath, hatte der Erleuchtete das Rad der Lehre in Bewegung gesetzt. Dämonen hatten ihn gewarnt, die Menschen würden ihn doch nicht verstehen, sie würden selbst seine Wahrheiten ins Gegenteil verfälschen, oder sie würden sie nur gebrauchen, um sich selbst damit wichtig zu machen. Der Buddha sah all diese Möglichkeiten vor sich, und dennoch tat er den Mund auf, um zu verkünden, was er unter dem Baum der Erleuchtung, in Bodhgaya, nach Wochen qualvollen Fastens erkannt hatte: den mittleren Pfad der Erlösung zwischen den Extremen, den Weg der psychologischen Einsicht, die Klarheit des Bewußtseins, die alle Götter und Geister als bloße Spiegelungen der Vorstellung dem menschlichen Ich als eigene Teile und Möglichkeiten zurückgibt und in gelassener Heiterkeit die Abwendung von allen Wahrnehmungen der Welt erklärt: Das ist nicht mein Selbst . . . Die Stadt Sarnath hatte ich erwartet. Nur daß einer der vier heiligen Orte einer Weltreligion so anspruchslos und bescheiden sich geben würde, war für mich wohltuend fremd. Dort stand der heilige Baum, gezüchtet aus einem Zweig des Baums von Bodhgaya; dort war das kleine Museum mit einem wunderbaren Löwenkapitell aus der Zeit des Kaisers Ashoka, der sich ein Reich von der Größe Alexanders des Großen unterwarf, ehe er als gläubiger Schüler des Erhabenen die Länder befriedete, der Gewalt abschwor und Edikte zur Schonung aller Lebewesen zur religiösen Toleranz in die Felsen meißeln ließ: «Es ehrt seine Religion schlecht, wer sie dazu benutzt, die eines anderen herabzuwürdigen.» Wie anders hätte das Christentum ausgesehen, wie anders sähe es aus, hätte es jemals die Lehren des großen indischen Fürsten beherzigt, 250 vor Christus! Wieviel Zeit braucht eine längst erkannte und gelebte Wahrheit in der menschlichen Geschichte, um sich durchzusetzen?

In Indien selbst hat der Buddhismus sich nur zeitweilig durchgesetzt. Vom 9. Jh. an beginnt das Wiedererstarken des Brahmanismus; der heutigen Hinduismus entsteht. Das hatte ich gelernt. Aber nie verstanden. Wie konnte eine so große und weise Religion wie der Buddhismus ohne Gewaltanwendung aus ihrem eigenen Entstehungsland zurückgedrängt werden? Das scheinbar Unerklärbare findet seine Antwort in dem Unerwarteten von Benares: in dem erstaunlichen Umgang der Menschen mit der Zeit, mit der eigenen: der Lebenszeit.

Benares – das ist wesentlich die Stadt am Ganges, dem Strom, der aus dem Haupt des Gottes Shiva entspringt bzw. von seinem Thronsitz, dem Kailasha, herabfließt. Shiva ist der Gott, der in seinen Armen zugleich die Schöpfung wie die Zerstörung hält, er ist das am meisten sinnliche und zugleich am meisten vergeistigte Prinzip der hinduistischen Götterdreiheit – kreative phallische

Macht und höchste Energie, die gesamte Spannweite der Wirklichkeit kann verkörpert sein in Shiva. Gegensätzlicher wird auf Erden deshalb kein Gott verehrt als dieser indische Gott, der sowohl das Leben als auch den Tod, die Wiedergeburt wie auch die Erlösung schenkt und versinnbildet.

Shiva verkörpert den Tod auf eine fast unheimliche, dem abendländischen Betrachter unglaubhaft scheinende Weise. Um in der Nähe des Gottes zu sterben, begeben sich zahllose alte Menschen, die mit dem Leben Frieden geschlossen haben, in die heilige Stadt, nichts anderes im Sinne, als gelassen auf das Nahen des Todes zu warten. So hocken sie, Bettler des Todes, auf den Straßen, die zum Strome Shivas führen, vor sich eine kleine metallene Schale, um Geld oder Nahrung zu erflehen, und es ist doch eine jede Gabe für sie nichts weiter mehr als eine Wegzehr für ihren letzten Gang: zum Ganges. Bewußter im Umgang mit der Kürze der Zeit unseres irdischen Lebens kann keine Religions- oder Kulturform sein als die indische, die hinduistische. Allmorgendlich sieht man über den Verbrennungsstellen am Ufer des Ganges den blaugrauen Dunst der Leichenverbrennungen sich erheben. In ein weißes Tuch gehüllt, von vier Männern getragen, wird der Verstorbene dorthin geleitet, und der älteste Sohn der Familie entzündet unter den heiligen Gebeten der Brahmanen den Holzstoß, dessen Flammen die sterblichen Überreste des Toten auflösen, auf daß seine Seele sich freisetze von allem Körperlichen, die Asche aber wird übergeben an den Strom des Gottes Shiva: Der Fluß nimmt sie auf und trägt sie mit sich fort, das heißt zurück und hinein in den unversieglichen Strom des Lebens, innerhalb dessen Geburt und Tod nichts weiter sind als die Takte einer ewig wiederkehrenden Musik.

Eben deshalb aber ist der Strom Shivas zugleich auch der Strom des Lebens. In der christlichen Religionsform tut man sich viel zugute auf das Sakrament der Taufe; sie ist die unabdingbare Eintrittskarte in das geistige Gebäude der Kirche. Wer aber von den Gläubigen weiß schon, daß Jesus selber zwar von seinem Lehrmeister Johannes getauft wurde, selber aber die Taufpraxis niemals fortgesetzt hat? Und wer ahnt schon, daß das Symbol der

Taufe viele Jahrtausende älter ist als die Religion der Bibel? Im heutigen Pakistan, in den Zentren der Induskultur 2500 v. Chr., in Moendjodaro und Harappa, kann man im Priesterviertel die großen Wasseranlagen der rituellen Waschungen erkennen, die als die historischen Vorbilder auch der ausgedehnten Waschanlagen der heutigen indischen Tempel gelten müssen und ebenso als Vorbilder der christlichen Taufe. Der Gedanke der Wiedergeburt, der Reinigung von dem alten, entfremdeten, sich selbst und anderen vieles schuldig gebliebenen Leben verbunden mit der Hoffnung eines Neuanfangs, so als käme man ein zweites Mal auf die Welt und man dürfte lernen aus den alten Fehlern und erhielte die Chance, noch einmal zu wählen, wer man selbst sein will – eine absolute Zäsur in der Zeit, die war, und der Zeit, die sein wird, ein deutlicher Unterschied zwischen Verhängnis und Freiheit – es ist ein Völkergedanke so vieler Religionsformen, doch nirgendwo wird er großartiger inszeniert als in der heiligen Stadt Benares. Bei jedem Sonnenaufgang, in langen Reihen, bewegen die Prozessionen der Pilger sich durch die Gassen der Stadt, hinunter zu den Gaths, den Treppen, die zum Flusse führen, um dort unter Anleitung der Priester in Rezitation der 3500 Jahre alten Texte der Veden die Waschungen vorzunehmen. Um die Kürze der irdischen Existenz zu wissen und gerade deshalb, belehrt von dem Gott der Zerstörung, den Neubeginn eines reinigenden Anfangs zu wagen – das ist die geistige Einheit einer Frömmigkeit im Schatten des Shiva, des Gottes, der tanzt in den zeitlichen Rhythmen des Kosmos.

«Warum zur Ganga gehn – sie ist nur Wasser», soll der Buddha gesagt haben. Er hatte recht, der Weise aus Kapilavastu, aber er irrte in den Bedingungen einer Religion für die Menge. Es ist der Körper, der stirbt mit all seinen Sinnen; eine Hoffnung, die in der Zeit sich erheben will über die Zeit, muß mit den Sinnen des Körpers fühlbar, spürbar, empfindbar sein. Die Ganga ist Wasser, und doch ist sie auch ein heiliges Zeichen für die Ordnung der Zeit.

Wer also hat recht?

Ramakrishna ist zuzustimmen: Es führen, meinte er, viele Stufen zur Ganga, und eine jede muß betreten werden, um hinabzugelangen; eine jede Stufe der Erkenntnis besitzt ihre eigene Berechtigung. Nur soviel ist klar: Wer Benares erlebt, beginnt anders zu leben, mit sich selbst, mit der Zeit, die ihm geschenkt ist, und mit der Zeit, die ihm noch verbleibt. Aber Einsichten sind nicht an Orte gebunden, und die Wahrheit von Benares, die Zeit auf hinduistisch, bedarf am Ende nicht einmal mehr des majestätischen Menschheitsstroms Shivas. Die Aufhebung des Buddha ist immer auch seine Bestätigung.

16 Der Hinduismus lebt von der Symbolik der ständigen Wandlung und Verschmelzung aller Erscheinungen des Daseins und gelangt so zu Vorstellungen und Ausdrucksformen, die dem Angehörigen des biblischen Kulturkreises irritierend und fremd anmuten. Die Fassade des *Kandariya Mahadeva Tempels in Khajuraho* (ca. 1050 n. u. Z.) zeigt den Gott Vishnu in der dritten von zehn Inkarnationsstufen *(avatara)* als Eber, wie er die von einem Dämon in die Tiefe gestürzte Erde wieder heraufholt, sowie in seiner achten Erscheinungsform als Hirtengott Krishna an der Seite der geliebten Hirtin Radha. Sowohl der Gedanke einer stufenweisen (evolutiven) Darstellung des Göttlichen in einer sich entfaltenden Welt als auch die Bedeutung der Einheit von Mann und Frau in der Liebe, die selbst eine Erfahrung der Einheit des Göttlichen ist, machen den Hinduismus zu einer Religion großer kosmologischer und psychologischer Weisheit.

17 *Khajuraho* war das religiöse Zentrum der Chandela-Dynastie (9.–13. Jh.) und wurde wegen der Fülle der Plastiken von Göttern und Liebespaaren an den Tempelwänden berühmt. Der Tempel erscheint hier als Sinnbild des Kosmos, als «Leib» der Gottheit, geschmückt mit dem Glanz und der Schönheit allen sinnlichen Verlangens, die Vereinigung von Mann und Frau in der Liebe aber ist selbst und bedeutet die Vereinigung der Seele mit der Gottheit, des menschlichen Atems *(atman)* mit der schöpferischen Macht des Alls *(brahman)*. Der *Kandariya-Mahadeva-Tempel* ist am reichsten verziert; 50 m lang und 20 m breit, ist er gegliedert in die Eingangshalle *(ardhamandapa),* den Versammlungsraum *(mandapa),* der hinüberführt in den Nebensaal *(mahamandapa),* der hinter dem Vestibül *(antarala)* überragt wird von dem Gipfel des *Garbhagrha.* König *Sidyadharas,* der den Tempel baute, schuf damit nicht nur eine Nachbildung des heiligen Berges, sondern auch ein Sinnbild der «phallischen» Kraft Shivas, dessen Lingam im Inneren des Heiligtums verehrt wird.

18 Die Sinnenfreude der Welt und die Herauslösung aus dem Kreislauf der Wiedergeburt kennzeichnen die beiden Pole der hinduistischen Frömmigkeit. Alle Straßen der Altstadt von *Benares* scheinen zum großen Strom Shivas zu führen, des Gottes des Todes und des Neubeginns. Benares zu betreten, heißt in das Geheimnis des Werdens selber einzutreten.

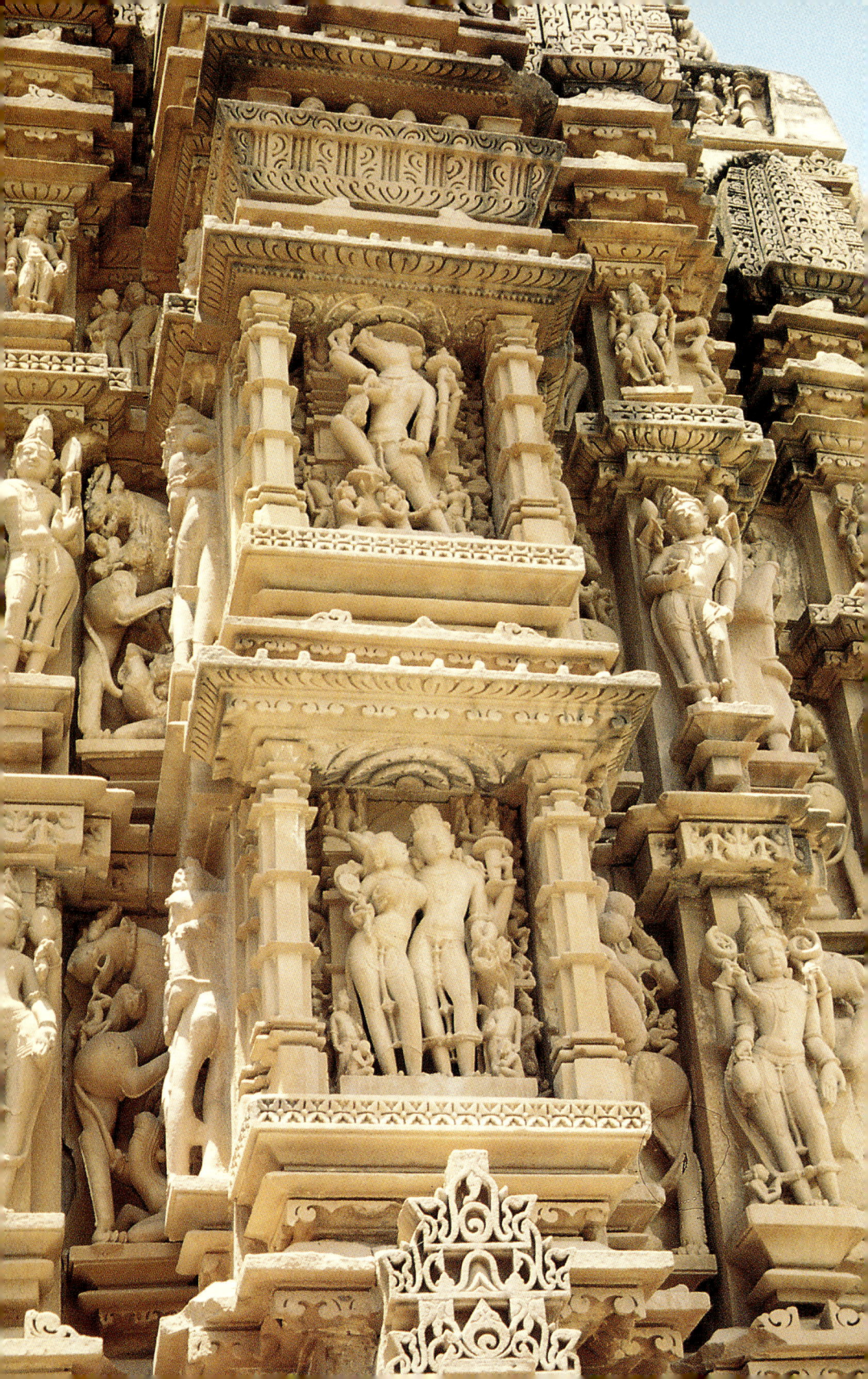

< 16
17

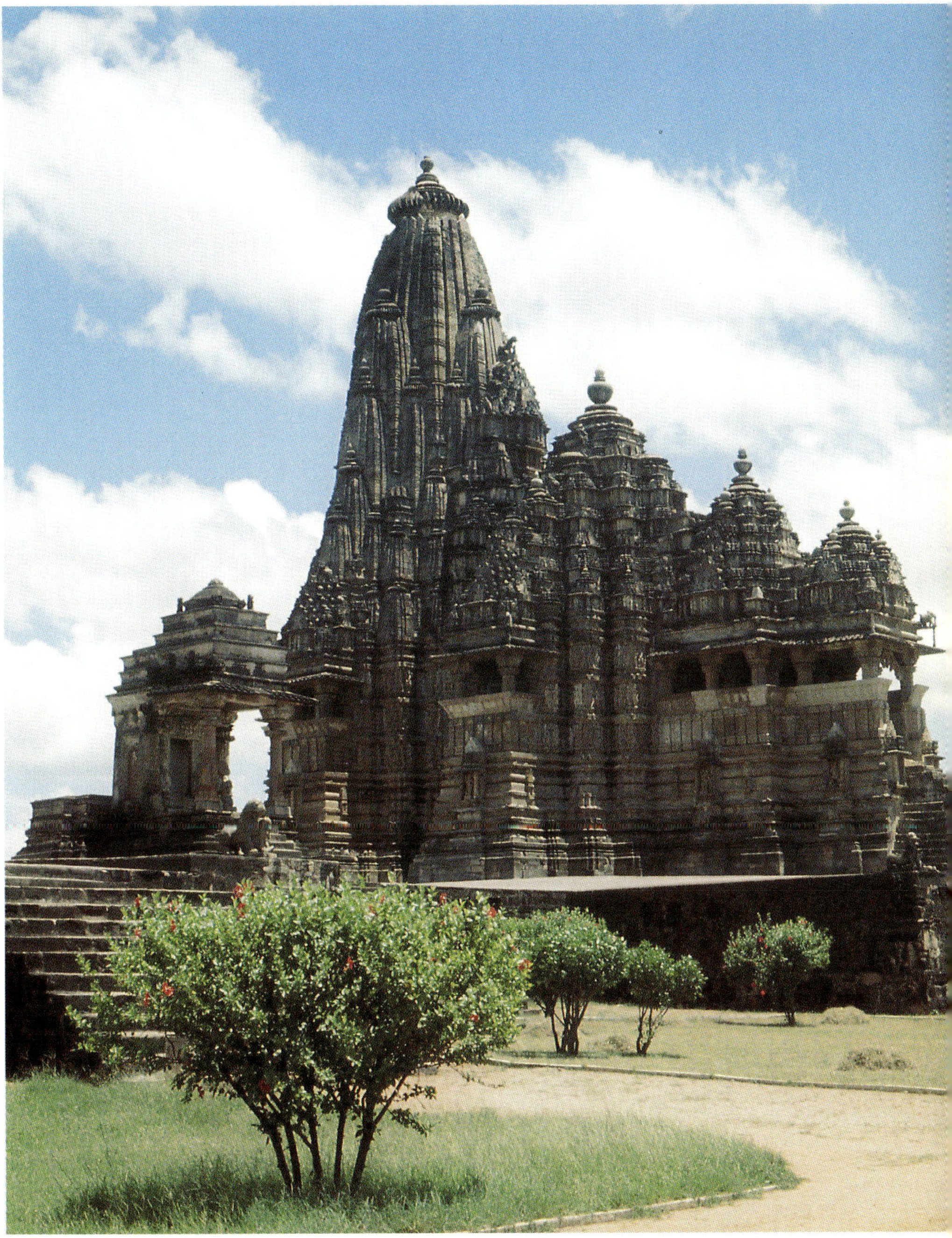

19 Allmorgendlich versammeln sich die Pilger an den fünf *Ghats*, den Treppen, die zum Ganges führen, und schöpfen, das Gesicht der aufgehenden Sonne zugewandt, mit dem «Lota» von dem heiligen Wasser Shivas, das sie über den Kopf fließen lassen und das sie einschlürfen und wieder ausspeien als ein Bild der Reinigung ebenso wie des Aufnehmens und Ausscheidens in allen Lebensvorgängen. Die uralten Gebete der Veden begleiten sie dabei nebst den Anweisungen der Brahmanen, die unter den großen Sonnenschirmen ihre Schüler unterweisen.

20 Gleich hinter dem *Manikarnika Ghat,* wo man die Fußabdrücke Vishnus zeigt, wo er nach dem Juwelenohrring seiner schönen Gattin Parvati suchte, findet sich der Verbrennungsplatz. Hierhin bringt man die Tragbahren der Verstorbenen, deren Asche man in den heiligen Strom streut.

Sakkara oder: Zeit auf ägyptisch

Wie gelangt man von Kairo nach Sakkara?

«Mit einem Kamel», erklärte mein Freund; er hatte es einem dieser fabelhaften ägyptischen Fremdenführer zugesagt, die den Reisenden noch unmittelbar vor der Sphinx von Gizeh glauben machen, man brauche unbedingt ein Dromedar, um sie zu besichtigen.

«Aber das Kamel ist erst um 1200 v. Chr. im Neuen Reich als Reittier bekanntgeworden. Nach Sakkara kann man nicht mit einem Kamel reiten. Sakkara – das ist der Anfang des Alten Reiches, drei Jahrtausende v. Chr. Ich fahre lieber mit dem Omnibus.»

«Ein Omnibus ist den Ägyptern in gar keinem Reich bekanntgeworden. Der Omnibus ist unter der englischen Kolonialherrschaft in Ägypten bekanntgeworden. Ein Omnibus beleidigt die Pharaonen und stört ihren Frieden.»

Da war etwas dran. Zünftig wäre es gewesen, zu Fuß nach Sakkara zu gehen. Aber das hätte zwei Tage gedauert. Es war immerhin August, und in der Mittagszeit maß das Thermometer 40 Grad und mehr. Ich blieb beim Omnibus.

Der Name «Omnibus» hält in Kairo übrigens, was er verspricht: ein Gefährt für alle. Einsteigen am Tahrir-Square, dicht am berühmten Ägyptischen Museum, und also Kampf nicht um einen Sitz- oder Stehplatz, sondern um einen Klammerplatz. Man springt einfach in den Haufen Menschen, die den hinteren Eingang verstopfen, und versucht, sich mit beiden Händen am Einstiegsgriff festzuhalten – unbedingt mit beiden Händen, denn in der einen ist das Fahrgeld bereitzuhalten, sonst kann es passieren, daß der Schaffner die Finger vom Griff löst, wegen unberechtigten Mitfahrens. Eine Art Reisen wie 1946 auf den Strecken der deutschen Reichsbahn in etwa. Doch je weiter der Bus auf Gizeh zurollt, wird es nach und nach möglich, in das Innere des Vehikels vorzudringen, und man entdeckt verwundert, daß es einigen Frauen gelungen ist, unter ihren schwarzen Tüchern ein Kind zu verstecken und vor dem Erdrücktwerden zu bewahren. Warum eigentlich weinen arabische Kinder so selten? Schmutz, Staub und Schweiß, Hitze und Gedränge – eine Busfahrt ist *doch* die rechte Einstimmung für eine Besichtigung des alten Ägyptens.

Und ich hatte Glück. – Sakkara ist ein ewig rätselhafter Ort. Bereits seine Pyramide, das Meisterwerk des göttlichen Arztes und Baumeisters Imhotep, zwingt den Blick, von der Erde weg sich stufenweise in den Himmel zu erheben. Funktional betrachtet, ist die Pyramide nichts weiter als die Grabkammer des Königs und Gottes Djoser, vielleicht auch ein zentrales Monument, das die Bevölkerung zu Beginn des Alten Reiches in einer gemeinsamen Aufgabe und Anstrengung einen sollte. Doch symbolisch gesehen, ist die Pyramide wie der Lauf der Sonne selbst: im Aufstieg steil bis zum Zenit und dann unaufhaltsam abwärts fallend; es war aber der Pharao selber die auf Erden erscheinende Sonne bzw. (von der 5. Dynastie an) nur noch (!) der Sohn der Sonne. Es sollte sein Lebensgesetz sein, in jener mythischen Entsprechung zu leben «wie im Himmel, also auch auf Erden». Sein Grabmal, mit anderen Worten, sollte so etwas sein wie das steingewordene Denkmal einer sonnenhaften Unsterblichkeit, eines Siegs des menschlichen Wesens über die Vergänglichkeit der Zeit. An jedem Morgen, da die Sonne sich über den Osthügeln von Kairo erhebt, beweist sie den sterblichen Menschen am Ende der Nacht, daß es möglich ist, die Dunkelheit und das Böse, die Apophis-Schlange der Unterwelt zu besiegen, wenn man Platz nimmt in der Barke der Sonne und als ein Gefährte des Lichtgestirns lebt. Selbst die Paviane erheben am Morgen mit ihrem Gelärm auf den Felsen im Osten von Kairo die Stimme des Lobpreises auf die Sonne, sie, diese Kinder des Mondgottes Thot, des Gottes der Schreiber, der auf seine Weise im Umlauf des Mondes den Tod und das Dunkel besiegt. Ein sonnenhaftes Leben – das bedeutet im Sinne der Pyramide von Sakkara, Schritt für Schritt mit der Sonne in der ersten Hälfte des Lebens bis zum Höhepunkt der gesetzten Möglichkeiten emporzustreben, um alsdann in der zweiten Lebenshälfte, im Längerwerden der Schatten, nach Westen hin den Abstieg zu wagen, bis im Tode die Himmelsgöttin Nut den Verscheidenden in die Arme schließt, um ihn neu zu gebären nach den 12 Stunden der Nacht wie das Sonnengestirn. Den Konturen einer ägyptischen Pyramide auch nur mit den Augen zu folgen, das ist wie ein Sich-Erheben über die Zeit, das ist wie eine Verführung zur Ewigkeit der Sonne.

Ich ging hinüber zum Grabe des Ti, des großen Baumeisters und Ratgebers im Alten Reich. Stimmengewirr aus dem Inneren schreckte mich ab. Eine Touristengruppe offenbar. Also auch einer dieser unerträglichen Erklärer, wie sie mir schon aus deutschen Museumsführungen leid geworden waren. «Diese Kirche wurde erbaut von dem und dem, im Jahre soundsoviel wurde mit dem Bau begonnen, er wurde fertiggestellt dann und dann, insgesamt arbeiteten hier x-tausend Menschen und vermauerten xyz-Kubikmeter Stein von der und der Sorte. Die Ausmaße des Mittelgewölbes betragen... die Länge des Querschiffs beträgt... Die Bilder wurden eingefügt von... und sind soundsoviel Meter hoch. Das erste Bild stellt dar..., das zweite Bild stellt dar...» Nein, nicht schon wieder. Ich war gerade dabei, die Flucht anzutreten, als ich eine deutsche Stimme hörte, die sinngemäß sagte: «Verstehen Sie, was für ein sinnreiches, bildmächtiges und in gutem Sinne magisches Volk die alten Ägypter waren? Sie haben gut daran getan, hierherzukommen und Ihre Zeit für diesen Mittag nicht mit dem Schreiben von Postkarten am Swimmingpool des Hilton-Hotels zu verbringen.» Das machte mich neugierig. Ich ging in die Grabkammer hinein und traf eine Gruppe von zehn Leuten, die sich um einen etwa fünfzigjährigen Mann versammelt hatten, der soeben mit dem Finger auf eine der Hieroglyphen an der Wand zeigte. Man akzeptierte stillschweigend meine Anwesenheit, und so hörte ich gespannt zu, wie der Führer erklärte: «Sie sehen hier die Sonne, eingerahmt von dieser zickzackartigen Wasserlinie oberhalb und von diesen zwei gedrehten Stricken zu beiden Seiten; der Lautwert dieser drei Zeichen ist nechech, was soviel bedeutet wie Ewigkeit. Gemeint aber ist die Ewigkeit der ständigen Wiederkehr, der sich ständig erneuernden Kreisbewegung des Alls. Eben deswegen sind diese beiden ch-Laute links und rechts neben die Sonne gestellt, gewissermaßen als ihr Aufgang und ihr Untergang; denn die Garantie dafür, daß es einen solchen Zyklus der Zeit in unabsehbare Zeiträume hinein gibt, bietet die Sonne selbst. Daneben», er zeigte auf eine andere Hieroglyphe, «gibt es dieses Symbol des Rückgrats des Osiris, des Gottes, der aus Neid und Bosheit ermordet wurde, den aber die Liebe seiner Gemahlin Isis zu neuem Leben erweckte. Dieses Pfeiler-Zeichen verkörpert die Djet-Ewigkeit, die soviel bedeutet wie ein Heraustreten aus dem Kreislauf der Zeit und ein Wiedergeborenwerden in einem neuen Sein in dem Gott Osiris selbst.»

Ich erschrak beinah. Es war meine erste Begegnung mit dieser phantastischen Welt des alten Ägyptens, dessen geheimnisvolle Schriftzeichen plötzlich zu reden begannen. Ich hatte nie gewußt, wie außerordentlich verwandt die Religion des alten Ägyptens der Religionsform des Christentums ist. In welchem Geschichtsunterricht, in welchem Religionsunterricht wird schon je eine Silbe über den Sinn und die Bedeutung der alten Ägypter verlauten? Unsere «abendländische» Bildung beschränkt sich auf Babylonier, Griechen und Römer, bestenfalls; alles andere ist nebensächlich, denn wir sind Europäer, wir sind das christliche Abendland, wir sind die Achse der Geschichte, an unserem Wesen wird die Welt genesen... Zwei Sätze eines wissenden Menschen – und der Nebel des anerzogenen Eurozentrismus lichtete sich unter den Strahlen der wiederkehrenden Sonne des alten Ägyptens. «Wissen Sie, was hier steht?» fuhr der Führer fort und ließ einen ausgestreckten Zeigefinger über eine andere Hieroglyphengruppe kreisen. «Es ist ein Weisheitsspruch, und er verrät sinngemäß die Einstellung der alten Ägypter zu Leben und Geschichte. Er lautet: So hoch die Lebenswoge dich auch tragen mag, vertraue dich ihr an, und schaudere selbst vor Kronen nicht zurück; doch rühre niemals an den Schlaf der Welt. – Sie merken, daß wir in Europa gerade dies getan haben – wir sind aus dem Vertrauen in die Ordnung der Dinge herausgefallen, und so korrigieren wir immer mehr an uns selbst und der Welt herum. Wir machen es aber vielleicht nicht besser, sondern schlechter, jedenfalls werden wir immer schlafloser, gehetzter und unruhiger. Die alten Ägypter erschreckte selbst die Ankunft des Todes nicht. Ich habe es mit Absicht unterlassen, Ihnen die Inschriften eines dieser Skarabäen im Ägyptischen Museum zu zeigen, die man den Verstorbenen ans Herz legte. Ich möchte Sie jetzt entlassen mit den Worten, mit denen die Gemahlin des früh verstorbenen Pharaos Tut-ench-Amun von ihrem Gatten Abschied nahm; auch diese Worte zeigen, wie die altägyptische Religion die Menschen mit der Zeit umzugehen lehrte. Die Worte heißen: Ich habe Dich geliebt, großer Tut-ench-Amun, und meine Trauer, daß Du gehst, ist groß; aber vergiß, daß die Zeit Zeit ist, denn nach der Zeit sehen wir uns wieder.»

Wie benommen verließ ich das Grab des Ti. Ich hatte keine Augen mehr für die Pyramiden und Gräber. Ich sah eines der ägyptischen Bilder vor mir – die feingliedrige Hand einer Frau, die ihrem Geliebten im königlichen Garten eine Lotusblüte entgegenhält. Mögen wir Menschen auch sterblich sein im Fluß der Zeit, so wird doch die Liebe unsterblich sein, und sie wird uns helfen, die Zeit zu vergessen. Ich ging und ging die Straße entlang. Ich weiß nicht, wie lange. Irgendwann kam der Bus. Irgendwann stieg ich aus am Tahrir-Square, irgendwann umschlang mich wieder der Lärm der Großstadt Kairo. Aber es war ein unwirklicher Lärm. Weit wirklicher war das leise Flüstern der Statuen im Ägyptischen Museum: «Aber vergiß, daß die Zeit Zeit ist...»

Ich war einem verborgenen Geheimnis begegnet: der Zeit auf ägyptisch.

21 *Das Alte Ägypten* entstand aus der neolithischen Revolution, die der Menschheit *den Ackerbau und die Viehzucht,* das Zusammenleben in dörflichen Gemeinschaften sowie eine Vielzahl spezialisierter Handwerkstechniken brachte. Eine zentrale Regierung und eine kluge Organisation zur Nutzung der Überschwemmung des Nils bildete die Grundlage des Pharaonenstaates, dessen Religion sich wie keine andere dem Rätsel der Aufhebung der Zeit im Tode und der Verwandlung in den Zustand göttlicher Dauer gewidmet hat. (Abb. Musée du Louvre, Paris)

<< 22 *Der Harfenspieler*, Djed Khonsu Iufankh vor dem Sonnengott Re Horakhti (dem Horus beider Horizonte) – eine Stele aus Holz, etwa 30 m hoch, ca. 1000–900 v. u. Z. (21.–22. Dynastie), Musée du Louvre, Paris. Der Sonnengott, falkenköpfig, die uräusumringelte Sonne auf seinem Haupte, trägt in seinen Händen die Insignien königlicher Macht: Hirtenstab und Dreschflegel (oder Fliegenwedel?); sein Thron ruht auf einem Podest, dessen Form die *Maat,* die Wahrheit, darstellt. Die Sonne am Himmel und ihr Sohn, der Pharao auf Erden, bilden eine Einheit, aus welcher die Welt Ägyptens ihre Ordnung und Größe empfing. Harfenspieler und Gottheit, im Dialog der Hieroglyphen miteinander verbunden, werden überragt durch das Himmelsgewölbe, das sich auf das Was-Szepter stützt; sie werden beschützt durch die Augen des Horus, dem Bild des Mondes, zwischen denen das Schen-Zeichen der Ewigkeit steht. Das Lied des Sängers gilt der Sonne bei ihrem Aufgang. Jeder Sonnenaufgang war ein Bild für das Hervorgehen aus dem Reich des Totengottes Osiris.

< 23 *Amenophis IV.* (1365–1348) änderte seinen Sonnen-Sohn-Namen «Amun (der Windgott) ist zufrieden» in *Echnaton:* «der Sonnenscheibe *Aton* gefällig». Im 6. Jahr seiner Regierung verlegte er seine Residenz nach Amarna, das er Achet-Aton – «Lichtland der Sonnenscheibe» nannte, und leitete damit die größte geistige Revolution ein, welche die Religionsgeschichte kennt: eine monotheistische Religion des Lichtes, der Schönheit und der Poesie. Obwohl alle Insignien und Namen des «Ketzerkönigs» auf dem Thron Ägyptens später systematisch getilgt und die überkommene Verehrung des Götterpantheons alsbald wiederhergestellt wurde, hat der Geist und die Kunst der Amarna-Zeit eine Individualisierung des Lebensstils und des Selbstbewußtseins hervorgebracht, die sich nie mehr zurücknehmen ließ. Musée du Louvre, Paris.

24 *Sethos I.* (1304–1290), mit dem Sonnen-Sohn-Namen *Men Maat Re* (die bleibende Wahrheit der Sonne), begegnet als «Herr beider Länder» und «Herr der Throne (der beiden Länder von Ober- und Unterägypten)» der Göttin *Hathor,* «der Herrin von Theben, der Herrscherin des westlichen Landes (der Verstorbenen)», die als Himmelskuh die Sonne in ihrem Gehörn trägt. Der Pharao erscheint als «begabt mit Leben wie die Sonne in Ewigkeit». Der Tod ist diesem Bild zufolge nur der Moment, da der Mensch der Gottheit begegnet, der er im Heraustreten aus der Zeit als ein «Osiris» gewordener selbst ebenbürtig wird, und das Sterben ist nichts als der Eintritt in die Sphäre, da die Liebe stärker ist als der Tod. Musée du Louvre, Paris.

Zeiterleben und Persönlichkeitsstruktur[1]

Allein die Freizeit, die darin liegt, für einen Moment lang aus dem Fahrstuhl der Zeit auszusteigen und innezuhalten mit der Frage, was denn das sei, «*Zeit*», verändert unser Bewußtsein und damit das Zeiterleben selber. Anders als jede Bewegung im Raum, die wir umkehren können in jeder Bewegungsrichtung, gleicht die Zeit einem Fließband, von dem wir nie mehr uns wirklich entfernen können. In der Elementarteilchenphysik mag es eine Zeitumkehr geben; durch den zweiten Hauptsatz der Thermodynamik, den Entropiesatz, ist für jedes Gebilde höherer Ordnung eine Zeitumkehr unvorstellbar. Wir selber *sind* höchst komplexe Gebilde als Menschen. Deswegen wird es kein Lebewesen auf dieser Erde geben, das so sehr der Zeit ausgeliefert ist wie wir. Überhaupt darf man behaupten, daß die Orientierung im Raum oder das Gefühl für zwei oder drei Dimensionen sehr früh in der Evolution Platz gegriffen hat, der Zeitsinn aber das am spätesten Gekommene darstellt.

Allgemein bekannt ist, daß es biorhythmisch eine Fülle von Verbindungen gibt, welche die Lebewesen vor allem mit den Schattenspielen der Erdrotation und dem Lichteinfall der Sonne verbinden. Bis in den Schlaf hinein, bis in den Kalziumausscheidungsspiegel verteilt über den 24-Stunden-Rhythmus von Tag und Nacht, sind wir geprägt von den Zyklen der Natur. Aber wir sind in unserer Kultur nicht mehr daran gewöhnt, Zeit in solchen Zyklen zu erleben. Uns gilt dies als Ausnahme. Wir feiern Jahr für Jahr Geburtstag. Die bange Frage einer sich sorgenden Gattin mag es sein: «Denkt er wohl an unseren Hochzeitstag.» Da gibt es *im Privaten* die Vereinbarung einer Wiederkehr der Zeit im Kreis. Aber sie bestimmt nur *die Ausnahmen,* die Festtagsstunden, die Kirchenjahrprogrammatik, nicht unser normales alltägliches

Zeitgefühl. Ganz anders verhält es sich in den Kulturen, die wir für mythisch erklären.

Der Abenteuerschriftsteller Jack London beschreibt einmal eine kurze Begegnung am Yukon-River. Er findet dort einen alten Indianer vor, der darüber nachsinnt, was Zeit sei. «Alle Dinge tun dasselbe auf die gleiche Weise», sagt er. «Das sieht der Indianer, und er begreift es. Die Lachse kehren zurück in den Yukon. Die Karibus wandern zurück in die Prärie. Die Vögel kehren wieder. Alle Dinge tun dasselbe auf die gleiche Weise. Ganz anders der weiße Mann. Seine Taten von heute sind anders als seine Taten von gestern. Was er morgen tun wird, gleicht nicht mehr dem, was er heute tut. Das sieht der Indianer, und er versteht es nicht.»

Da gibt es und gab es ein Lebensgefühl, das gespeist wurde von den großen zyklischen Wiederholungen der Natur und den Menschen befahl, sich in diese einzuordnen.

Wenn wir uns auch bewußt sind, wir müßten in die Phasen unseres Lebens einstimmen, wir müßten gewissermaßen Weisheit aus den vorgegebenen Rhythmen unserer eigenen schon biologischen Existenz lernen, tun wir uns doch bereits mit der einfachen Tatsache, älter zu werden, krank werden zu können und ganz sicher bald schon sterben zu müssen, außerordentlich schwer. Für die Mythen eine Selbstverständlichkeit, ist in unserem Kulturraum der Umgang mit Zeit so weit entfernt von den natürlichen Vorgaben, daß uns das Selbstverständliche zum Problematischen geraten ist. Jeder weiß, daß er einer Lebensbahn gehorcht ähnlich dem Sonnenlauf, emporsteigend bis zur Mitte und dann bei länger werdendem Schatten hinabsinkend. Wie aber leben wir damit? Die alten Ägypter konnten in ihrem Sonnenglauben die Menschen auffordern, sie möchten sich selber so vollziehen lernen wie eine ägyptische Pyramide, mit dem Mut hinanzusteigen bis zum Gipfel und mit derselben Klarheit den Abstieg wagend, weil weder Aufstieg und Abstieg ein Ziel an sich selbst sind, sondern nur ein Gehorsam im Einstimmen der Zeit. «So hoch die Lebenswoge dich auch tragen mag», lesen wir im Grabe des Ti, «vertraue dich ihr an, und schaudere selbst vor

Kronen nicht zurück; doch rühre niemals an den Schlaf der Welt.»
Man könnte auch sagen: an das Einverständnis mit der Ordnung,
welche die Dinge haben.

Es gibt bei den Brüdern Grimm ein kleines Märchen, das vielleicht
einleitend dazu bestimmt ist, uns zu zeigen, wie wir mit den Vorgaben der zeitlichen Phasen unseres Lebens weise umzugehen
vermöchten. Denn nichts ist unweiser, schädlicher, gesundheits-
bedrohender, als die Ordnung der Phasen zu verschieben – gewissermaßen alt zu sein in der Jugend und nach einer verlorenen
Jugend sich sehnen zu müssen im Alter. Das *Märchen vom Fundevogel* bei den Brüdern Grimm beschreibt unsere Existenz als die
Position von Zwischenwesen, ausgesprochen schon im Namen
(«Fundevogel»), entnommen der schlafenden Erdmutter, hinauf-
versetzt in die Höhen der Geistigkeit und mühsam nur zurückfin-
dend auf diese Erde. So unser Menschendasein. Es gibt im Hintergrund aber eine Köchin, die andere Seite der Mutter Natur, die
ihre eigenen Kinder verfolgen wird, um sie in ihre Ökonomie, in
den Kreislauf von Aufbau und Zerstörung zurückzuholen. Die beiden Kinder aber, der «Fundevogel» und das «Lenchen», wir Menschen also, bleiben auf der Flucht vor der Köchin und den Todes-
boten, die sie vor sich herschickt.

Es gibt *drei Positionen* in dem Märchen, wo die Flucht vor dem
Sterben nichts nutzt, wo die Angst verlangt, daß wir ihr standhal-
ten und eine eigene Stellungnahme formulieren, wie wir mit der
Tatsache der Endlichkeit des Lebens, der zeitlichen Begrenztheit
unseres Daseins, anders gesagt: mit der sicheren Tatsache unserer *Sterblichkeit* umgehen.

Der *erste Standpunkt* besteht im Märchen vom Fundevogel
darin, daß zwei Menschen, Halbgeschwister, sich in einen Rosen-
strauch und in ein Röslein verwandeln. Es ist die erste Antwort,
wie wir sie geben können *in der Jugend:* Es gibt keinen Tod angesichts des aufblühenden Daseins in seiner ganzen Schönheit und
jugendlichen Frische. Es gibt eine Freude, die den Tod ignoriert,
und die Boten der Köchin sehen ihr eigenes Opfer nicht. Da, wo
das blühende Leben ist, kommen sie vergebens.

Aber die Köchin wird sie *ein zweites Mal* aussenden. Und wollten wir auch jetzt, sozusagen 45 oder 50 geworden, immer noch die Antwort der Jugend erneuern, wären die Boten scharfsichtig genug, ihr Opfer einzuholen. Eine ganze Industrie verführt uns heute dazu, an die ewige Jugend zu glauben. Was vermag allein schon die Kosmetikindustrie? Was die Verheißungen der Werbung? Doch welch ein Aberglaube: Leben ist jung sein! – Leben ist *Wandlung* und die *Jugend ein Durchgangsstadium.*

Die *zweite Wandlung* angesichts des drohenden Todes lautet im Märchen vom Fundevogel: Du kannst dein Leben auffassen in der Gestalt einer *Kirche,* in der ein Altar mit einer Krone darauf steht. Das soll heißen: spätestens von der Lebensmitte an ist dein Leben ein Heiligtumsraum, der integer ist gegenüber jeglicher Bedrohung von außen. Du mußt lernen, ein Souverän in deinem eigenen Dasein zu werden, entscheidend und entschieden für das, was du entwirfst als Sinn und Wert und als eine Person, die sich gestaltet durch den Prozeß deiner in objektive Entwürfe gegossenen Freiheit. – Doch auch diese Antwort ist nur ein Vorübergang. Irgendwann wird die Köchin selber kommen, und es gibt kein Entrinnen mehr.

Beim *dritten Mal* verwandeln sich das Lenchen und der Fundevogel in einen See und eine Ente drauf. Sie töten den Tod. Es ist eine quasi mythische Hoffnung, daß die Liebe stärker sei als der Tod und das Sterben selbst nur ein Übergang im Wandel. Wenn es das ganze Leben bestimmt, sich wandeln zu müssen, wieso könnte dann nicht auch das Sterben nur eine neue Verwandlungsstufe in unserem Leben sein?

Gedanken dieser Art kommen einer gewissen Linearität nahe, die wir speziell *im Erbe der Bibel* im abendländischen Kulturkreis im Umgang mit Zeit sehr tief gelernt haben. Es gibt eine Welterstreckung zwischen Schöpfung und Vollendung, zwischen dem Morgen eines reinen Anbeginns, der dann über Schuld und Läuterung sich fortsetzen muß bis hin zur Apokalypse oder zur Eschatologie, doch offen in seiner Endbestimmung, an der wir mitwirken, je nachdem, und immer heute schon. In dieser Einlinigkeit haben wir vor allem im säkularen philosophischen Raum den

Fortschrittsglauben etabliert: eine Welt, die aus dem Negativen heraus in Versuch und Irrtum sich zum Besseren gestaltet, indem wir an unseren Fehlern lernen, indem wir das Rohmaterial des Vorgefundenen verbessern und indem wir Kultur und Zivilisation immer mehr verfeinern.

Es sind dabei inzwischen jedoch keine religiösen Impulse mehr, die den heutigen Umgang mit Zeit auf das äußerste anspannen und herausfordern. Die eigentliche Wendemarke dürfte im 12. Jahrhundert liegen, beim Aufblühen der Städte auf der Basis des ökonomischen Handels. Es ist zum ersten Mal im Erleben der Abendländer, daß Zeit Geld bedeuten kann. Denn je rascher der Umschlag von veräußertem Kapital in die Ware und der Rücklauf der Ware in das vermehrte Geld auf den Märkten vonstatten geht, desto mehr gilt es, die Zeitspanne zu verkürzen, um in immer rascheren Umschlägen aus der gewonnenen Zeit gewonnenes Geld zu produzieren.

Die Taschenuhr Peter Hennleins ist die wirkliche Wendemarke an diesem Punkt. Sie legt das private Leben fest auf die Maximierung von Gewinn durch immer kürzere Zeitraten. Die Perfektion dieses Denkens wird um 1892 erreicht und trägt den Namen Frederick W. Taylor. Er ist der eigentliche Erfinder oder Schöpfer des wissenschaftlichen Managements. Es war die Idee Taylors, daß man den Produktionsablauf in Zeiteinheiten zerlegen müsse, *elementarisieren* müsse, indem man jedem Arbeitsvorgang einen Teilbereich von untergeordneten Substrukturen, von Elementen seiner eigenen Konstituierung zuordnet. Management bedeutet eine solche zweckrationale Analyse der Arbeitselemente und ihre Optimierung im Sinne der Effizienz. Einen so einfachen Vorgang, wie daß ich einen Bleistift in die Hand nehme, kann man zerlegen in die entsprechenden Elemente: Leerlaufbewegung, Zwingbewegung, Ladebewegung. Und entsprechend lassen sich diese drei Vorgänge operationalisieren, vielleicht verkürzen. Jedenfalls läßt sich das Mittel errechnen, unter dem ein Durchschnittsarbeiter einen Bleistift in die Hand zu nehmen pflegt. Das wiederum kann zur Arbeitsvorschrift für alle Arbeiter werden – der Durchschnittsnorm der Geschwindigkeit zu entsprechen.

Wir begegnen zum ersten Mal der Umwandlung menschlicher Arbeitskraft zu Vorformen der Computerwelt, die vor hundert Jahren durchaus nicht zu ahnen war. Wir begreifen, daß in dieser Art von Produktion wir Menschen bestenfalls die Chance haben, Ersatzcomputer zu bleiben, jederzeit verdrängbar, wenn es der Rationalisierung auf dem Arbeitsmarkt nötig zu sein scheint. Wir sind fortan nicht länger mehr Herren der Zeit, sondern deren eigene Opfer. Wenn erst einmal Zeit Geld ist, wird die Zeit teuer zu erkaufen sein, ein Luxus, für den *wir* bezahlen müssen, oder, ein wenig verschleiert in den Verhältnissen, *der Arbeitgeber,* der so gut ist, uns Freizeit zu ermöglichen durch den Urlaub.

Aber das will kalkuliert werden! – Gerade in Deutschland führen wir erbitterte Kämpfe darum, wieviel an Laufzeit der Maschinen in den Betrieben wir uns leisten können. Bundeskanzler H. Kohl hat herausgefunden, daß im Vergleich der Industrienationen die Deutschen die längste Maschinenleerlaufzeit haben und wir uns das bei der Errichtung des Industriestandorts Deutschland an zweiter Stelle der Industrienationen, gleich hinter den USA, noch vor Japan, so nicht länger leisten können. Die Maschinen arbeiten inzwischen, auch ohne daß Menschen daran beteiligt sind, und also ist es doppelt ineffizient, sie nicht laufen zu lassen bei Tag und bei Nacht.

Wir haben eine Zeit kreiert, die so mechanisiert betrachtet wird, daß ihr überhaupt nur noch Maschinen zu genügen vermögen. Selbst das, was wir die Freizeit nennen, ist im Grunde ein zweckgerichtetes Regenerationsprogramm für weitere Effizienz und Fitneß geworden.

Wie anders hingegen könnte es sein und müßte es sein, würden wir lernen, was man philosophisch und religiös im Grunde wissen könnte! Als Augustinus vor über 1500 Jahren über die Zeit nachdachte, sprach er den berühmten Satz, daß es ihm leichtfalle, die Frage, was Zeit sei, zu beantworten, wenn ihn niemand danach frage, versuche er aber eine wirklich gestellte Frage nach dem Wesen der Zeit zu beantworten, so wisse er nicht, was er sagen solle. Augustinus entdeckte, daß Zeit im Grunde ein Bewußtseinsphänomen ist. Sie existiert nicht objektiv. Und das ist ein Gedanke, der sich fortspinnt, vor allem in der idealistischen Philosophietraditon des Abendlandes bis hin zu Immanuel Kant, Zeit sei überhaupt keine Gegebenheit der Dinge, sondern vielmehr eine subjektive Anschauungsform zur Einordnung der Phänomene in ein Nacheinander überschaubarer Kausalbeziehungen. Selbst die Verknüpfung von Ursache und Wirkung folgt dem Zeitenschema, das wir konstituieren aufgrund unserer eigenen Erkenntnisbedingungen.

Noch einen Schritt weiter, und wir sind, im Erbe des Deutschen Idealismus, bei der Existenzphilosophie der 30er Jahre unseres Jahrhunderts. Denn existentiell gewendet, wenn es so steht, liegt es einzig am Menschen, wie er mit Zeit umgeht. Es war der Gedanke der Heideggerschen Philosophie, daß Zeit ein Existential darstellt, indem wir immer wieder durch den eigenen Entwurf das konstituieren, was wir Zeitlichkeit nennen. Was wir waren, entscheiden wir heute, indem wir in die Zukunft gerichtet festlegen, war wir sein werden.

Die «*Salzburger Nachrichten*» schreiben soeben (Juli 93): «*Franz Vranitzky arbeitet die Vergangenheit auf und arbeitet an der Zukunft bei seinem Besuch in Israel.*» Es ist das erste Mal, so scheint es, daß ein österreichischer Politiker sich der Nazi-Vergangenheit stellt. So seine Rede. Bis dahin gab es eine solche Vergangenheit offenbar gar nicht, jetzt erst beginnt das Aufarbeiten. Was war, entscheidet sich jetzt. Zwar: Alle anderen wußten auch vorher, daß die *Nichtentscheidung* eine Entscheidung ist. Aber jetzt rückt die Vergangenheit in die eigene Zuständigkeit. Es gibt keine Ausreden mehr. Das ist, auf das Politische angewandt, so etwas wie eine gute existentialistische Devise: Du kannst nicht nur der Zeit nicht entrinnen, du selber bist der Schöpfer dessen, was Zeit für dich bedeutet.

Tatsächlich liegt es wesentlich bei uns, daß wir, statt von Freizeit zu träumen, die wir nicht haben, *Zeitfreiheit* in Anspruch nehmen in dem Sinne, den der Vater des Existentialismus, Sören Kierkegaard, in den 40er Jahren des vergangenen Jahrhunderts zum ersten Mal festlegte, angenähert an das sechste Kapitel des

Matthäus-Evangeliums, in welchem Jesus sinngemäß sagt: «*Betrachtet die Lilien des Feldes und traut euch zu, daß ihr viel schöner seid als irgendeine von ihnen. Selbst Salomon mit all den Prachtgewändern war nichts gegen euch, wenn ihr euch mit den Augen Gottes richtig zu sehen vermögt. Sorgt euch nicht um das Morgen. Jeder Tag hat soviel Plage heute schon.*» – Ein heiteres Leben in der Gegenwart – das ist die Anwendung des göttlichen Vertrauens des Nazareners auf die Zeitfrage. Kierkegaard formulierte daraus existenzphilosophisch, es sei das Leben eines gläubigen Menschen, eines *Christen,* eine *Synthese* zwischen Zeit und Ewigkeit zu bilden. Er wollte sagen: Glauben bedeutet, aus dem Fluß der Zeit herauszutreten als sein Opfer und eine neue Dimension der Freiheit und der Selbstbestimmung einzuführen. Leben im Augenblick.

So etwas kann man manchmal ahnen in den Momenten des reinen Glücks, in den Stunden intensiven Selbstvollzuges. Da scheint es, wie wenn die Zeit innehielte und es wäre, wir säßen auf einem Berg und schauten ins Weite. Die ganze Welt läge uns zu Füßen. – Es gibt solche Stunden der Liebe, in denen die Zeit keine Rolle mehr spielt. Da können zwei Stunden wie eine Ewigkeit sein und die Bestimmungskraft für das ganze Leben haben. Dann wieder wird es das Hin- und Herschwingen zwischen ungeduldigem Warten und seligem Wiederbegegnen geben. Es kann die Phase des einen unerträglich lang sein und der Moment des anderen unsäglich kurz. Aber die verdichtete Zeit selber aus dem Erleben heraus ist das Menschliche. Wir müssen das, was Bergson 1920 einmal die wirkliche, die lebendige Zeit nannte, die «*durée reelle*», abgrenzen von dem, was wir in den Naturwissenschaften vor ihm darüber zu wissen glaubten.

In der Einsteinschen Relativitätstheorie konnte Zeit uns erklärt werden als eine vierte Dimension der Raumzeit, in welcher sich alle physikalischen Ereignisse eintragen ließen. Einstein hatte erkannt, daß Lichtquanten, daß Photonen im Grunde keine Zeit haben, denn ihre Ruhemasse ist Null. Alles um die Lichtquanten herum hat sich im Zeitraum der letzten zwölf oder sechzehn Milliarden Jahre geändert, vom Urknall bis heute, die Photonen selber aber sind prinzipiell zeitlos. Da wird die Relativität des Bezugssystems zu einem Erkenntnisprinzip der Formulierung physikalischer Gesetze. Bergson wandte sich gegen diese Geometrisierung oder Verräumlichung der Zeit und hatte damit in gewissem Sinne recht, denn die Physik ging über die Relativitätstheorie hinaus, indem sie in der Quantenphysik neu zu betonen versuchte, wie subjektiv im Grunde die Zuordnungen von Ereignissen in der Zeit sind, wie stark die Voraussetzungen unserer Erkenntnisbedingungen in das Erkannte selber eingehen. Wenn es aber so steht, wie gelangen wir dann dazu, unsere Zeit zu finden und unseren Umgang in Freiheit der Zeit aufzuprägen?

Man könnte denken, die Existenzphilosophie, indem sie uns die Verantwortung für den Umgang mit Zeit zurückgibt, habe das Problem gelöst. Tatsächlich hat sie es noch nicht einmal richtig gestellt. Die vielleicht größte Leistung des 20. Jahrhunderts über die Zeitlichkeit unserer Erlebniswelt verdanken wir der Psychoanalyse. Man schlage einen Roman des vergangenen Jahrhunderts auf: Turgenjew, Tolstoi, Dostojewski – man wird finden, daß in all diesen psychologischen Romanen die Zeit mit dem Leben von Erwachsenen beginnt. Allenfalls in «Schwarz und Rot» bei Stendhal lesen wir, wie Julien Sorel als Kind aufwächst und dadurch determiniert wird, was er als Erwachsener bis zu seiner Hinrichtung sein kann – aber das ist bereits eine sehr moderne Betrachtung.

Die Pychoanalyse als erste war imstande zu begreifen, daß Menschen als Erwachsene sich nur verstehen lassen auf dem Hintergrund dessen, was sie in der Erstreckung der Zeit von den Kindertagen bis heute geworden sind. Es war die Anwendung des Historismusproblems des 19. Jahrhunderts auf das Leben einzelner, konkreter Individuen: Was wir heute sind, ist nicht so sehr unsere eigene Entscheidung als vielmehr das Festgelegte, das aus unserer Vergangenheit als unser Erbe in das Heute übernommen wurde. Wir werden erst fähig zur Selbstgestaltung, wenn wir uns die eigene Vergangenheit bewußt machen.

Eine der bittersten Erfahrungen der Neurosenpsychologie, der Psychosomatik bis hin zum Leiden im Krankheitswert lautet, daß

66

wir nur allzuleicht aufgrund der eigenen Unbewußtheit zu Opfern eines ständigen, wie schicksalhaft verhängten Wiederholungszwanges werden können. Wir versuchen unser Leben in die Hand zu nehmen, und wir ahnen nicht, wie ausgeliefert der eigenen Vergangenheit, die wir nicht kennen, wir selbst werden können.

Dieser Tage erklärte mir ein Mann nach mehreren Jahren des Gesprächs: «*Jetzt endlich verstehe ich, warum, wenn meine Frau in mein Zimmer kommt, ich mich hinter einem Buch oder der Zeitung oder meiner Arbeit vergrabe. Ich behandle sie schofelig – das wußte ich immer schon. Aber jetzt merke ich, warum: Sie reißt die Tür auf, steht plötzlich im Rahmen, und mir fällt jetzt ein, daß genau in der Art meine Mutter vor über 40 Jahren in das Zimmer kam. Dann hatte ich Angst, sie entdeckte mich bei irgend etwas Unanständigem. Ich las in irgendeinem Heftchen herum. Oder sie ertappte mich dabei, daß ich nicht die Schularbeiten machte. Ich hatte immer Grund, sie zu fürchten, wenn sie überraschend ins Zimmer kam. Kann man nicht mindestens anklopfen? Das habe ich ihr gesagt. Und sie sagte: ‹Ich bin nicht deine Mutter›.*» – Und schon hatte man sich, anstatt sich zu verständigen, tüchtig in der Wolle.

Da scheint es nur um ein Detail zu gehen, das sich wiederholt. Aber eine Ehekrise setzt in aller Regel sich aus solchen Details zusammen, die uns unterlaufen, weil wir das Getriebe der Wiederholung nicht kennen. Das *Gegenbild* des mythischen Kreislaufes ist der *neurotische Wiederholungszwang.* Während der eine uns trägt und beruhigt durch Einbeziehung in die Vorgegebenheit der Natur, entfremdet der andere uns der eigenen Natur und liefert uns an eine Zwangsgesetzlichkeit aus, die bis in den Innenraum unsere Psyche verstört und verheert. Dadurch kommt es, daß wir versuchen müssen, mindestens im groben zu untersuchen, wie das, was wir *Charakter* nennen, Ausdruck findet und Einfluß nimmt in der Art und auf die Art unseres Zeiterlebens.

Es gibt in der *Neurosenpsychologie etwa vier Hauptformen,* die, typisiert und vereinfacht, aber der Übersicht halber in dieser

Form vorgestellt werden können, um zu zeigen, wie spezifisch und damit auch wie unterschiedlich Menschen Zeit erleben können, einfach weil sie durch ihre Herkunft in dieser Weise charakterlich geprägt und festgelegt worden sind. «Neuroseformen» – das hat zunächst noch nichts mit Neurose im Sinne von Krankheit zu tun, sondern eher mit dem Neurotoiden, d. h. mit all den Gegebenheiten, die unter vergleichbaren Bedingungen Festlegungen unserer Psyche schaffen. Ob es sich krankhaft auswirkt oder im Bereich des Gesunden bleibt, hat nichts mit den strukturellen Gegebenheiten zu tun, weit eher mit den quantitativen Steigerungen derselben, also mit einem qualitativen Umschlag durch eine bestimmte Erhöhung des Potentials.

Insofern wird man beim Lesen der folgenden Darstellung vermutlich mehr oder minder Grund haben, sich in *all den vier Gestalten,* von denen die Rede ist, wiederzuerkennen. Man sollte also nicht gleich denken: *«Da liegt meine Krankheit.»* Gerade wenn alles Gesagte einem irgenwie bekannt vorkommt, dürfte das ein guter Hinweis auf psychische Gesundheit sein. Vor allem die *Vereinseitigung,* die *Überspezialisierung* an bestimmte Überlebensstrategien der frühen Kindheit führt dazu, daß wir uns später im Zeitenfluß sehr schwer orientieren können.

Die vier Neuroseformen oder Charaktertypologien, die wir von der Neurosenpsychologie der Psychoanalyse übernehmen können, haben zu tun mit der *Schizoidie, der Depression, der Zwangsneurose und der Hysterie.* Bei diesen Begriffen ist es nicht nötig, zu erschrecken – sie stammen aus dem klinischen Bereich; sie erlauben aber eine Beschreibung von Unterschieden des Erlebens, die zunächst durchaus noch im Normalbereich liegen.

Zum *schizoiden Erleben* gehört die affektive Armut, die mangelnde Intentionalität des Bezugs zu Menschen und Dingen und damit *die Neutralisierung der Bedeutung von Erlebnissen.* Man muß unter einem Schizoiden sich einen Menschen vorstellen, den im Grunde eine große Gleichgültigkeit oder eine Graugetöntheit all seiner Tageseindrücke begleitet. Eben deshalb wird ein solch schizoider Charakter die Zeit wie einen leeren Raum erleben, wie eine Lagerhalle, die sich mit jedem beliebigen Inhalt füllen läßt. Zeit ist ein Ermöglichungsgrund, alles mögliche machen zu können. Es gibt aber in der Zeit keine Auszeichnung, keine Vorschrift für das, was man machen sollte. Damit eröffnet die Zeit einen Alptraum der Beliebigkeit oder eine Architektur der zynischen Gleichwertigkeit von allem und jedem.

Ein Mann, der sich sehr stark in solche Erlebniszustände einfühlen konnte, war Albert Camus. Er hat in seinem Roman «Die Pest» in der Gestalt des Tarrou einen Menschen beschrieben, der ihn als Modellfall der absurden Existenz dünkte. Tarrou lebt mit der Zeit, indem er sie vollkommen abstrahiert. Ihre Leere bestimmt ihn dazu, sich bei der Schlange von Wartenden an einem Kinoschalter anzustellen in der sicheren Absicht, sich den Film nicht anzusehen. Oder zum Zahnarzt zu gehen und unter den Wartenden Stunden zu verbringen in der Gewißheit, gesunde Zähne zu haben. Es wird die Frage, wie man Zeit totschlägt, die keinen Sinn macht. Es ändert sich das Leiden an der Zeit und in der Zeit in Camus' «Pest» bei Tarrou erst durch das Engagement gegen das Sterben. Der freie Raum der Zeit bestimmt Tarrou fortan dazu, sich an der Seite von Doktor Rieux zu engagieren. Plötzlich füllt sich die Zeit in ihrem Vakuum mit einer Fülle von Erlebnissen an der Seite sterbender Menschen. Plötzlich dringen in Tarrous Seele wirkliche Gefühle ein, wirkliche Empfindungen des Mitleids. Plötzlich beginnt sich die Zeit neu um ihn zu organisieren.

Man versteht, daß die Zeit so leer sein kann, daß es keine Rolle mehr spielt, ob wir sommertags oder wintertags leben oder am hellen Tag oder in der Nacht. Es ist die Freude vieler Schizoider, die Zeitordnung umzukehren und erst aufzustehen, wenn der Abend am Himmel aufsteigt. «*Mein Mann*», klagte eine Frau vor einer Weile, «*lebt mit mir wie Sonne und Mond. Ich muß morgens aufstehen, um zu arbeiten, dann geht er prompt ins Bett, und wenn ich müde werde, erhebt er sich.*» Es war klar, daß diese wechselseitige Entziehung in der Ehe unter anderem auch mit der Zeitorganisation zu tun hatte. Für *sie* war der Tag wie ein Alptraum abzuleistender Pflichten, für *ihn* etwas, dem man entgehen

konnte, indem man es umkehrte, ohne Schaden. Da es keine Verantwortung gibt, gibt es auch keine Zeit, in die man sich fügen
müßte. Es gibt nur eine vollkommene Freiheit. Wenn der Wecker
morgens klingelt, geht daraus keine Vorschrift hervor, sich zu erheben. Man wäre der Sklave seiner Armbanduhr, wenn man die
Organisation von Zeit, die uns der Wecker stellte, befolgen würde.
«*Mindestens*», meinte Jean-Paul Sartre, «*lohnt es sich, noch einmal nachzudenken, ob wir der Selbstversklavung folgen.*» Was
Zeit ist, bestimmen wir. Aber wenn es keinen Sinn macht, irgend
etwas zu bestimmen, bleibt die Zeit eine vollkommen offene Perspektive, in der alles möglich ist, doch niemals etwas reell; nichts
ist da in Wirklichkeit von Bedeutung.

Bekannt ist der melancholische Gesang von Nikolaus Lenaus
Zigeunern in der Heide mit den Schlußversen: «*Dreifach haben
sie mir gezeigt, wenn uns das Leben umnachtet, wie man's ver-
träumt und verraucht und vergeigt, wie man es dreimal verach-
tet.*» Da ist die Zeit nur noch ein Stoff, um sie totzuschlagen.

Aber genau das ist bereits ein Lebensgefühl, das zum *depressiven
Empfinden* hinübergleitet. In *ihm* ist die Zeit vollkommen anders
verstanden. Zum Depressiven gehört psychoanalytisch der Druck
ständiger (aus der Oralität, aus dem Erleben von Wünschen nach
Nahrungsaufnahme, dann aber nach Geborgenheit und Halt ent-
wachsender) Schuldgefühle für die Tatsache, überhaupt auf der
Welt zu sein. Ein Mensch, der so erlebt, empfindet die *Zeit als
einen Fluchtraum,* in den hinein es nicht möglich ist, irgendeine
Zukunft im Sinne Heideggers zu entwerfen. Der Depressive wird
von Ängsten verfolgt, die er nicht mehr kennen darf, denen er sich
auch nicht mehr stellen kann, weil sie für ihn tödlich wären. Es
gibt deshalb keine Möglichkeit, zeitlich irgendeine Art der Selbstbestimmung zu artikulieren, vielmehr gleicht das Leben des Depressiven im Umgang mit der Zeit einer ständigen Treibjagd, per-
manent gehetzt von den fremden Ansprüchen. Immer muß er
etwas machen, das er selber eigentlich gar nicht will: Er hat vier
Kinder zu versorgen, also muß er Wäsche waschen, einkaufen
gehen, das Essen zubereiten, putzen, den Garten umgraben, die

Strümpfe stopfen, die Kleider bügeln. Immer wieder muß irgendetwas sein, in das hinein man durch die Zeit verschlissen wird.

Ivan Goll konnte deshalb einmal *von der Müllerin Zeit* sprechen, die unsere Knochen zermahlt. Das ist ein sehr genaues depressives Erleben. Die Zeit ist hier eine nimmermüde Rotationsbewegung, in die wir zum Selbstverschleiß hineingepreßt werden. Sie ist unentrinnbar durch ihre Pflichten. Es liegt nicht an der Zeit, aber die Menschen an unserer Seite sind wie ständige Jäger. Ständig fordern sie etwas, das wir ableisten sollen. Wir können uns dem nicht verweigern ohne neuerliche Schuldgefühle.

Den Hintergrund dieses Erlebens muß man sich darin vorstellen, daß da ein Mädchen oder ein Junge ist, die von früh an die Frage beantworten mußten, warum sie auf der Welt sind. Ihr Empfinden war es, den eigenen Eltern durch die Tatsache der Existenz im Grunde zu viel zu sein, eine Zumutung, die man durch Nützlichkeit rechtfertigen muß. Der größte Teil der Zeit, die man als Kind noch haben konnte, galt deshalb der Frage, wie man der Mutter oder dem Vater das Leben erhält. Jeden Moment dabei kann sich die überreizte Nervenanspannung der eigenen Mutter bzw. des Vaters explosiv im Jähzorn und Vorwurf entladen.

Eine Frau zum Beispiel schilderte, depressiv in ihrer ganzen Charakterstruktur, ihr Zeiterleben etwa so: «*Ich sehe mich noch als Kind draußen spielen, als meine Mutter von drinnen schrie: ‹Kannst du nicht auf die Milch aufpassen!›*» In Wahrheit hatte die Mutter dem Mädchen das überhaupt nicht befohlen. Sie hatte nur gerade gesehen, wie die Milch überkochte, und so fand sie keinen anderen Blitzableiter für ihre Wut als jetzt ihre Tochter. Die hätte aufpassen müssen! – Wenn man sich vorstellt, daß es im Erleben eines 4jährigen Mädchens auch nur *einmal* so sein kann und daß dieses Kind längst begriffen hat, wie genau es die Befehle seiner Mutter befolgen muß, dann kann man begreifen, daß dieses Kind fortan bei jedem Spielen, bei jedem Umgang mit Zeit auf die Stimme seiner Mutter hören und lauschen wird, ob und wann sich wieder ein solch grollendes Ungewitter anmeldet. Es ist, wie wenn man die Ohren ständig an der Erde hätte, um ein Erdbeben im

voraus erkunden zu können. Nie wieder sollte sich so etwas wie-
derholen, daß die Mutter derart zürnen könnte!

Da wird Zeit eingefroren auf den Gegenwartszustand «Jetzt»,
aber gerade nicht im Sinne der Zeitfreiheit des «Augenblicks» bei
Sören Kierkegaard oder der Bergpredigt, sondern genau umgekehrt: *Dieser Augenblick* trennt sich von jeder Vergangenheit und
von jeder Zukunft, und es ist die Beschreibung einer *gegenwärti-
gen Hölle,* in jedem Moment sprungbereit zu sein für den fremden
Befehl, in jedem Augenblick ganz dasein zu müssen, um nicht total getroffen zu werden. Das kann paradoxerweise dazu führen,
das Ende des Lebens vorwegzunehmen wie einen Wunsch.

Zum depressiven Zeitgefühl gehört in aller Regel die *Umfunktio-
nierung des Todes als Ersatz zur Nein-Vokabel:* Nie hat erlaubter-
maßen ein Depressiver die Verstattung gefunden, die Forderungen des anderen zu begrenzen. Immer wurde jeder Versuch,
durch ein Nein den Unterschied zwischen dem Fremden und dem
Eigenen zu markieren, weggedrückt unter der Last schwerer Vorwürfe. Also wird ein Depressiver, statt nein zu sagen, lieber davon
sprechen, daß er irgendwann bald schon doch sterben wird. *«Irgendwann wird Gott mich holen.»*

Ein solches Denken kann in der Psychotherapie ein fast unüber-
windbarer Behandlungswiderstand werden, weil eine Planung
des Lebens heute unter diesem Gefühl überhaupt nicht möglich
ist. Wenn der Tod als Erlösung empfunden wird, ist es fast schon
egal: Irgendwann wird man zusammenbrechen an Erschöpfung
der Kräfte; irgendwann wird der Tod dastehen wie ein Gnaden-
weg der Natur und den letzten Ausweg erschließen. Diese Zuversicht nimmt im Grunde die Notwendigkeit, jetzt und hier Zeit noch
einmal neu zu gestalten. In der Therapie bedeutet es sehr viel,
wenn ein Depressiver nach und nach langsam merkt, daß seine
ständige *Gehetztheit aus Erlebnissen der Vergangenheit* kommt.
Er hat sie in aller Regel gar nicht sehen dürfen, denn hätte er sie
gesehen, wäre der Rückblick in die Zeit der Beginn von Protest-
handlungen in die Zukunft gewesen: Man müßte aufstehen und
die gestohlene Zeit einfordern, nach welcher man jetzt auf der
Suche ist. Allein, die *aggressive Komponente,* die unter diesen

Umständen mit der Zeitauslegung verschmilzt, setzt voraus, daß man noch einmal neu das Vergangene zu sehen beginnt und es durcharbeitet in eigener Stellungnahme und Gestaltung. Erst dann ermöglicht sich Zukunft.

Das Paradox lernen wir gerade, daß die existentialitischen Beschreibungen der Zeit als eines Existentials des Selbstentwurfs alles andere sind als eine einfache Phänomenologie oder Anthropologie unseres Daseins; sie müssen erkämpft und erkauft werden in Durcharbeitung von Angst und Schuldgefühlen aus Kindertagen. Was Menschen wirklich frei macht, ist nicht der geglaubte Existentialismus, sondern die Realisierung der existentialistischen Kategorien mit Hilfe der Psychoanalyse in Durcharbeitung des Unbewußten. Dann erst bekommt ein Mensch eine eigene Geschichte, eine eigene Vergangenheit, wenn es ein Ich gibt, das die Zeit sich selber zu bestimmen getraut.

Dann auch erst gibt es eine *Berechenbarkeit der Zukunft* morgen. Für den Depressiven ist der Tagesanfang in der Regel schon wie ein riesiger Sandberg, der nicht zu übersteigen ist. Darum ist ein Hauptsymptom des Depressiven für gewöhnlich bereits die Umschleierung seiner Gefühle am Morgen, eine bleierne Müdigkeit in seinen Gliedern, Kopfschmerz, Ohrensausen, Apathie, ein dringendes Schlafbedürfnis bereits morgens um neun – ein Zustand, der normalerweise erst abends gegen acht oder neun, wenn der Tag endlich vorüber ist und mit all seinen unerfüllbaren Ansprüchen zu verschwinden beginnt, langsam abebbt. Wie ist es möglich, Zukunft als eine Chance für sich selbst zu erleben, statt darin eine Sklavenverpflichtung nimmermüder Vergewaltigung von außen zu sehen?

Damit sind wir bei dem *dritten* charakteristischen Umgang mit Zeit angelangt, den wir der *Zwangsneurose* zuordnen können. Gemeint ist damit aus der Psychoanalyse ein Lebensgefühl, eine Daseinsauslegung, die sehr stark den Willen in Anspruch nimmt unter dem *Diktat, alles richtig machen zu müssen – in Perfektion, in vollkommener Leistung,* vor allem in den Bereichen der Ordnung, der Pünktlichkeit und der Sparsamkeit. Zum zwangsneurotischen Erleben im Umgang mit Zeit gehört die Exaktheit, mit sich umzugehen wie nach dem Fahrplan der Bahn: Man muß jetzt schon wissen, was man am 2. Oktober um 15.30 Uhr tun wird, auf welchem Abschnitt der Strecke man da halten kann. Zeit gilt da wesentlich als Umwandlung der Zukunft in verrechenbare Planbarkeit bei konsequenter Unentschuldbarkeit von Irrtümern oder Versäumnissen.

Bekannt ist aus der Physik die Bestimmung, daß Leistung Arbeit in der Zeiteinheit sei. Wenn das so ist, kann man Zeit auch umgekehrt definieren: Sie ist Arbeit dividiert durch Leistung. Das ist das Stachanow-Prinzip – der verinnerlichte Taylorismus. Da wird die Wissenschaft des Managements zur Gefühlsgrundlage im Umgang mit sich selber. Fast maschinell wird da konstante Arbeit von sich selbst verlangt. Ein Zwangsneurotiker, langsam beginnend, eine gesündere Umgangsform mit sich selber zu finden, sagte einmal: *«Ich gehe mit mir um wie ein Autofahrer, der verrückt genug ist zu glauben, er könne eine Geschwindigkeit von 100 Stundenkilometern, egal auf welcher Fahrgrundlage und unter welchen Verkehrsbedingungen, durchhalten. Natürlich muß da die Karosse auf einem Feldweg furchtbar leiden. Das merke ich langsam bei meinen Herzrhythmusstörungen. Ich laufe zudem herum wie eine autofahrende Bombe. Ich bin gefährlich für mich selber und für alle anderen. Was ich treibe, ist rücksichtslos in jedem Betracht.»*

Die Alternative zu dieser Rücksichtslosigkeit müßte darin bestehen, Zeit einmal anders zu erleben denn als ein fertiges Programm. Der Fahrplan der Bundesbahn geht in Ordnung, weil sämtliche Hindernisse und Versäumnisse auf jedem denkbaren Streckenabschnitt im voraus *ausgeräumt* zu sein haben – es müßte schon ein Unwetter über Österreich kommen, um den Fahrplan der Bahn noch einmal zu ändern. *Für uns Menschen,* wenn wir in dieser zwangsneurotischen Weise mit uns umgehen, *sind alle möglichen psychosomatischen Erkrankungen,* ähnlich wie im Bereich der Depression, natürlich *vorprogrammiert.*

Zum Zwangsneutoriker gehört des weiteren, daß auch er keine Vergangenheit hat, aber nicht, weil er sie, wie der Depressive, aufgrund von Schuldgefühlen und latenten Aggressionen nicht sehen dürfte, sondern weil er der Pflicht genügen muß, sozusagen «gepellt aus dem Ei» auf die Welt gekommen zu sein: Er hat die Welt perfekt und fertig betreten zu haben. Ein fertiger Mensch kann nie ein gewordener Mensch sein. Es ist peinlich, daran zu denken, daß man einmal ein Kind war, das einkoten durfte, das hätte schmutzen dürfen, das Zeit zum Spielen gehabt hätte durch eine nicht vorgelegte Programmatik. Das alles ist etwas Kindisches, das man am besten beiseite schiebt, schon weil man es nie wirklich hat leben dürfen.

Bei der Anamneseerhebung vieler Zwangsneurotiker ist es daher manchmal recht auffällig, daß sie überhaupt leugnen, Jugendliche und Kinder gewesen zu sein. Manche Menschen dieser Art verfügen erst vom 20. Lebensjahr an überhaupt über eine eigene Erinnerung; bis dahin sind sie in einem Internat bei Ordensschwestern groß geworden oder bei Patres und wurden am Studienort später *fertig abgeliefert*. Erst als sie aus dem System der Erziehung ihrer Jugend ausgetreten sind, fing ihr eigenes Leben an, und erst von da an gibt es auch so etwas wie eine eigene Erinnerung. – Manche Ehepaare haben aus lauter *Angst, unvollkommen,* das heißt unkeusch und sündhaft, *in der Vergangenheit gewesen zu sein,* sich darauf verständigt im Alter von 25 oder 30 Jahren, die Vergangenheit ruhen zu lassen. Die Frau wollte nie wissen, durch wie viele Frauenhände der Mann gegangen war, und er wollte nicht wissen, durch wie viele Männerhände seine Frau gegangen war. Man war fertig in die Ehe gekommen, so wie es der neue Weltkatechismus der katholischen Kirche vorschreibt: Jede sexuelle Beziehung außerhalb der Ehe ist eine schwere Sünde, und wer im Zustand der schweren Sünde stirbt, Kanon 1.035, kommt unmittelbar in die Hölle, woselbst er all die Strafen erleiden wird, die darin bestehen, getrennt zu sein von dem Glück, zu dem Gott uns geschaffen hat.

Es ist klar, daß in dem zwangsneurotischen Umgang mit der Zeit keine Vorstufen des Werdens, der Nichtperfektion, des Lernens, des Reifens existieren. Es gibt aber eine wirkliche Zeitbedrohung, das ist der Tod selber. Die Abschließbarkeit des

Lebens erinnert scheußlich daran, daß wir nie Fertige sein werden.

In «*Das Sein und das Nichts*» bei Jean-Paul Sartre findet sich die Beschreibung, wie der Tod die Selbstentwürfe des Daseins, das Für-sich-Sein, radikal in das Für-andere-Sein verwandelt. Darin liegt sein Skandal. Im Tod sind die Menschen ausgeliefert. Man muß sich nur ausmalen, wie die anderen am Beerdigungstag dastehen und die Grabreden halten: «*Jean-Paul Sartre bedeutete für die Menschheit...*» es ist widerlich! Wenn der Mann im Sarg noch einen Satz sprechen könnte, würde er gewiß all die Schwätzer widerlegen und sagen: «*Mein Leben ist ganz anders. Der Tod hat nur unterbrochen, daß ich noch einmal ganz neu entscheide, was mein Leben ist.*» Das Leben müßte etwas Fertiges sein, wenn es zwangsneurotisch zuginge. Es müßte perfekt sein, so daß kein Kritikaster daran etwas auszusetzen hätte. Es müßte wie ein hartgeschliffener Diamant sein, der die Ewigkeit zu überdauern antritt.

Wir kommen als viertes zu einer Form des Zeiterlebens, die wir der *Hysterie* zuordnen müssen. Hier gilt die einfache Regel: Zeit ist das, was man durch eine Überfülle gleichzeitiger chaotischer Programme niemals hat.

Bei der Hysterie kommt es, ähnlich der Depression, darauf an, alles zu tun, was die anderen wollen. Nur sind die Motivation und die Antriebsmotorik gerade umgekehrt: Der Depressive möchte alles getan haben, auf daß man ihn nur endlich in Ruhe läßt. Sein Ziel ist, daß er sich wie ein Hase in die Sasse hocken könnte und alle Hunde wären endlich weggelaufen. Beim Hysteriker genau umgekehrt: Er würde alles tun mögen, was die anderen wollen, um noch viel mehr gesehen zu werden, um Aufmerksamkeit zu erringen und Beifall zu ernten. Drum müssen die Programme immer wieder wechseln und immer weiter wachsen. Es darf kein Nein gesagt werden, weil, vor den Augen der anderen wie auf der Bühne, eine perfekte Darstellung geboten werden muß um des Applauses willen. Man muß sich beweisen, daß die Zeit buchstäblich keine «Konsequenzen», keine Folgen hat. Man kann heute

76

den Othello spielen und morgen den Jago, heute den Rigoletto und morgen den Don Juan. Man kann jede tragische und jede alberne Rolle spielen, eben weil man mit der Zeit völlig willkürlich verfahren kann, indem man auswählt, was man jetzt tut, ohne jedwede Vorgabe. Das ist die *Bedingung des hysterischen Erlebens von Zeit: Man ist absolut frei, indem man sich völlig ausliefert an die Fremdbestimmung von Rollen,* deren Textbuch und Dramaturgie man im Grunde nie gewagt hat, selbst zu schreiben.

Aus all den Andeutungen läßt sich erkennen, wie schwierig es ist, *Zeit gesund zu erleben* und sich zuzutrauen, sie sinnvoll zu füllen (in der *Schizoidie*) aus eigenem Engagement zugunsten von Menschen, und sich zu erlauben, gleichzeitig nein zu sagen, wenn es uns überfordert (in der *Depression*), ein ruhiges Werden zu beanspruchen, indem wir nicht fertige Wesen sind, aber gütige Menschen (in der *Zwangsneurose*), und es zu lernen, unseren eigenen Part zu spielen (in der *Hysterie*). Erst wenn uns all das einigermaßen gelingt, *haben* wir Zeit.

Wir müssen dann aber zugeben, daß die Zeit, die wir miteinander verbringen, wenn Menschen so unterschiedlich strukturiert sein können, zu Mißverständnissen aller Art Anlaß geben kann. Viele Tragödien des Zusammenlebens unter Menschen sind allein durch den unterschiedlichen Umgang mit Zeit bestimmt.

Nehmen wir ein Beispiel: In der soeben geschilderten Weise lebt eine depressive Frau an der Seite eines zwangsneurotischen Mannes. «*Warum müssen diese aber auch eine solche Heirat eingehen?*» mag man sich fragen. Nun, weil eben diese Art von Heirat die Prämisse einer besonders großen Glückseligkeit zu haben scheint. Die depressive Frau wird denken, daß da ein Mann von Charakter sei, der sich auskennt: treu, solide, pflichtbewußt – ein wirklicher Halt in ihrem Leben! Wenn sie den umranken und umwinden kann wie Efeu das Mauerwerk, wäre er doch so recht geschaffen für ihr Dasein. Und er wiederum hat eine so treuergebene, gehorsame, seine Hände küssende Gemahlin – er muß ihr nur sagen, dies und das solle hier geschehen, und es wird auch schon geschehen! Beide haben also Grund zu glauben, wenn sie sich kennenlernen, sie seien wie geschaffen für das Leben. Was sie nicht ahnen, ist, daß man am Traualtar immer noch denken kann, Ehen würden im Himmel geschlossen, während sie manchmal die irdische Existenz in eine Hölle verwandeln können.

Die beiden werden beispielsweise eingeladen bei Familie Wichtig in Wien. Für die depressive Frau kann die Einladung in sich schon zweierlei bedeuten. Es mag sein, daß diese Familie Wichtig ihr angst macht – sie ist nicht gut genug in dieser Gesellschaft! Sie kann aber auch nicht wirklich planen. Wann wird die Einladung sein? In drei Wochen? Am besten ist, sie vergißt diesen Termin und macht erst einmal so weiter wie bisher. Viel in die Zukunft hineinzudenken ist nach ihrem Lebensgefühl ohnedies nicht möglich. Außerdem kann der Tod ja wirklich sehr bald kommen. Wer weiß, ob man in drei Wochen überhaupt noch lebt. – Ganz anders ihr Mann. Er hat einen Kalender, in dem der Termin steht. Ein Termin bei Familie Wichtig ist überaus wichtig: für die Karriere, für die Reputation, für die gesellschaftlichen Anliegen. Dieser Termin ist unbedingt einzuhalten. Dann kann es also passieren, daß an irgendeinem schönen Samstagnachmittag, sagen wir um 14.00 Uhr, die Vorbereitungen für die Einladung beginnen. Der Mann weiß, daß es so ist, und so ist er entsetzt, daß seine Frau es nicht weiß. Schon kann sich zwischen den beiden eine enorme Gewitterfront an Mißverständnissen aufladen: «*Wie du das auch vergessen konntest! Wo sind meine Krawatte, meine Schuhe, meine Kleidung, die Krawattenknöpfe?*» Das alles ist nicht besorgt. Es zeigt sich aber, daß ein depressiver Mensch, der sowieso von Augenblick zu Augenblick zu hetzen gelernt hat, ein Meister der Improvisation sein kann. Sie wird anfangen zu bügeln. Sie wird womöglich noch die Strümpfe stopfen, wenn sie nicht längst, entsprechend dem Willen ihres Mannes, drei verschiedene Kollektionen davon im Schrank hat. Sie wird auch sich selbst noch irgendwie zurechtmachen. Aber nicht darauf vorbereitet wird sie sein, daß um 17.00 Uhr, zum Zeitpunkt, da die Einladung ausgesprochen ward, ihr Mann immer noch dabei ist, sich anzuziehen, weil dies und das nicht korrekt genug sind: der Schlips nicht, auch die Klosettür ist noch nicht abgeschlossen gegen Diebstahl und

Einbruch, das Auto nicht sauber genug gewaschen. Kurz: Es ist womöglich gerade der zwangsneurotische Charakter, der alle Dinge so korrekt gestalten möchte, daß er mit der Zeit unter seinem Dauerstreß der Perfektion überhaupt nicht zurechtkommt. Endlich aber wird man gemeinsam zu besagter Veranstaltung gehen. Und da mag es sogar sein, daß plötzlich die depressive Gemahlin sich ganz gut amüsiert, während dem Mann der Aufenthalt sich hinzieht wie eine ständige Prüfung der Wohlanständigkeit, die lang und länger währt. Schließlich haben wir 18.30 Uhr, und der Mann drängt ungestüm zum Aufbruch, nicht weil, wie er vorgibt, gerade Borussia Dortmund Fußball spielt, sondern weil er überhaupt das ganze Zusammensein als lästig empfindet. Seine Frau ist dadurch auf das äußerste verstört, sie hatte gerade einmal aufleben wollen – es war doch so schön, sich zu unterhalten! In irgendeiner Ecke hat sie gestanden mit Frau Wichtig, der das auch alles zuviel war, was ihr Mann so alles unternahm. Endlich war man mal als Frauen unter sich, und schon kommen die Männer und reißen alles wieder auseinander. Man versteht es nicht, aber man kann auch nichts machen.

Das soll nur ein kleines Beispiel sein. Man muß sich aber vorstellen, daß das tagaus, tagein so geht. Am Sonntagnachmittag, nehmen wir an, wollen beide spazierengehen. Für *sie* endlich eine Gelegenheit, die Maiglöckchen zu sehen oder den Einflug der Pirole zu beobachten und zu schauen, ob schon die Schwalben wiedergekehrt sind. Sie also wird sehr langsam und genußvoll durch Mutter Natur schreiten, während er gerade dabei ist, ein Fitneßtraining einzulegen. *Zeit ist Arbeit durch Leistung,* haben wir gelernt. Folglich: Man muß den Körper stählen! Also sieht man *ihn* zwanzig Meter voraus gehen, die Frau hinterdrein watschelnd, als wäre sie sein Dackel, immer wieder er sie antreibend, sich umwendend ...

Ich schildere all das lustig, auf daß man soviel Tragödie mindestens für sich selber durch die Kraft des Humors in die Komödie umzuwandeln vermöge, die sie ja auch ist. Insgesamt aber zeigt sich, daß Zeit sich sehr anders verrechnet, je nach der Art des Menschen, mit dem man es zu tun hat. Es gibt nicht die absolute, die objektive Zeit. Es gibt nur unterschiedliche Weisen, mit ihr umzugehen. Nicht einmal in der Form des Umgangs mit der Zeit sind wir Herren über uns selbst, sondern weitgehend festgelegte Wesen. *Erst wenn wir merken, in welcher Weise wir geneigt sind, auf die Uhr zu schauen, werden wir die Freiheit gewinnen, einmal die Uhr liegenzulassen und das Glück zu genießen, das es bedeutet, Zeitfreiheit mehr denn Freizeit zu haben.* Es bleibt und es ist das wunderschönste Wort der Bibel zu unserer Thematik: «*Sorgt euch nicht um das Morgen, der heutige Tag hat Plage schon genug.*» – Ihn richtig zu leben und die Wahrheit, die wir sehen, nicht aufzuschieben, sondern heute zu tun, das brächte uns dem Reich Gottes sehr nahe. Immer noch hört man die kirchlichen Theologen sagen: «Das Reich Gottes ist noch nicht gekommen, und die Berpredigt können wir noch gar nicht leben aus Verantwortung.» Dagegen ist zu sagen: Die Bergpredigt war die letzte Aufforderung des lieben Gottes, seine letzte Alternative zu dem chronischen Selbstmord, dem wir entgegengehen, einfach indem wir so weitermachen. Es war der letzte Versuch, uns bei der Hand zu nehmen und uns zurückzuführen in ein verlorenes Paradies, in dem die Zeit von den Zyklen des Mondes oder der Frau bestimmt wurden und von dem Kommen und Gehen von Sommer und Winter. Es ist in Genesis 8, am Ende der Sintflut, daß Gott über den Menschen, der böse sein mag von Jugend auf, gerade so spricht: «*Solange die Erde steht, soll nicht aufhören Saat und Ernte, Frost und Hitze, Sommer und Winter, Tag und Nacht.*» Die Erde also behält ihren periodischen Rhythmus der Zeit; und es wird lediglich die Frage sein, ob wir es lernen, in diese vorgegebenen großen Ordnungen zurückzukehren.

Schließen läßt sich mit der Erinnerung an ein kleines Gebet aus der Kathedrale von Baltimore: «*Go placidly through the world – Geh ruhig durch diese Welt! Du bist ein Kind des Universums, nicht anders als die Bäume und die Sterne. Du hast ein Recht, dazusein. Und ob Du es weißt oder nicht, ganz sicher entfaltet sich das All, wie es muß.*» Drum: «*Strive to be happy – Bemühe Dich wenigstens, glücklich zu sein.*»

Neujahr – der Wunsch
für eine bessere Zeit[2]

An diesem ersten Morgen jeden Jahres wünschen wir einander
herzlich ein gutes Neues Jahr. Dieser Wunsch ist nicht eine bloße
Formel; denn es zählt mit zum Tiefsten, was wir überhaupt einander wünschen können, daß es in unserem Leben *Neues* geben
möge. Nicht in dem Sinne, daß etwas passiert, das äußerlich
verschieden ist von dem, was wir schon kennen – denn das wäre
nur etwas Anderes, nicht etwas wirklich Neues; vielmehr in
dem Sinne, daß wir selber in uns ein Stück weit neue Menschen
werden, daß es in uns so etwas gibt wie innere Entwicklung
und Geschichte. Es wäre, wenn das in Erfüllung gehen würde,
wie ein Beweis für unseren *Glauben*. Daß unser Leben eine
eigene Geschichte hat, – das ist nur möglich in der Zuversicht des
Glaubens.

Das Neujahrsfest und seine Bräuche sind an sich etliche 1000
Jahre älter als die Religion der Bibel. Ursprünglich sah man in
dem Jahreswechsel gerade nicht den Anfang eines Neubeginns,
sondern im Gegenteil den Rückfall in das Urzeitchaos; am Neu-
jahrstage wiederholte man den Schöpfungsakt der Götter. Daher
die Ausgelassenheit in der Silvesternacht: Man wollte selbst im
Taumel und im Einsturz aller geltenden Gesetze die Welt zurück-
geleiten in die Zeit des Uranfangs, des Nichts, damit die Götter sie
verjüngt ins Dasein rufen könnten. Neujahr – das war die Wiederkehr des Alten in verjüngter Form; die Welt, die Zeit drehte sich
nach der Anschauung der Alten in immer gleichen Wiederholungen und Kreisläufen; – ein wirklich Neues gab es nicht darin, nur
die periodische Rückkehr des Uranfangs.

Jedesmal, wenn die Kraft des Glaubens nachläßt, sucht uns ein
quasi analoges Weltbild mit einer psychologischen Evidenz aufs
neue heim und taucht uns in eine angstvolle Geschichtslosigkeit

des Empfindens und Denkens, in der die Zeit nur noch äußerlich dahintreibt, wir selbst aber mit unserem Leben nicht mehr von der Stelle kommen. Irgend etwas darin zerfällt dann, und wir haben nicht mehr die Kraft, Vergangenheit, Gegenwart und Zukunft in eine Einheit zu bringen.

Dem einen fehlt die *Vergangenheit;* er erklärt vollkommen glaubhaft, daß er sich an nichts erinnern kann, weder an seine Kindheit noch an seine Schulzeit, noch an seine Eltern – als wenn seine ganze Jugend wie eine einzige Explosion der *Angst* gewesen wäre und er selbst überhaupt erst mit etwa 20 Jahren allmählich neben einem großen Haufen von Trümmern aus seiner Starre erwacht wäre. Er lebt gewissermaßen wie im Nebel, ohne zu wissen, woher er kommt. Wenn er sagt, er *könne* sich nicht erinnern, meint er eigentlich, er *dürfe* sich die Vergangenheit nicht vor Augen führen, da sonst Bilder und Szenen endloser Einsamkeit und Traurigkeit, schrecklicher Angst oder tiefer Verlassenheit auftauchen würden; und so flieht er vor seiner Vergangenheit wie vor einem Alptraum.

Glauben würde bedeuten, daß er in seinem Leben so etwas wie einen roten Faden, wie eine innere Führung wahrnehmen könnte; er aber schaudert unbewußt vor seiner Vergangenheit zurück wie ein kleiner Junge vor dem Gang in den Kohlenkeller. Er spürt nur dumpf, daß er nach rückwärts wie abgeschnitten existiert, daß er keine Wurzeln besitzt und ständig mit dem Rücken an der Wand steht. Wie in der Welt der Mythen erscheint ihm seine Vergangenheit als ein undurchdringliches Urzeitchaos, das von irgendwelchen allmächtigen Göttern beherrscht wird; und er selber ist dazu verurteilt, sich ewig unter dem Zwang des Vergangenen im Kreise zu drehen. Denn während er in seinem Bewußtsein die Vergangenheit fortzaubert, schlägt diese ihn unbewußt nur um so mehr in ihren Bann. Weil er aus Angst keine Vergangenheit haben will, hält diese um so mehr seine Gegenwart besetzt und beraubt ihn jeder Zukunft. In ewigem Wiederholungszwang repetiert er die private Urzeit seines Lebens, als irgendwelche Götter ihn beherrschten und wie einen Urstoff zurechtformten, stets in der Angst, daß er, wenn er sich nicht ihren Händen überließe, selbst nichts als ein chaotisches Etwas sei.

So lebt er de facto nach wie vor vollkommen in den Händen dieser seiner Urzeitgötter; sobald er eine geringfügige Bewegung in Richtung auf ein bißchen Eigenständigkeit und Selbständigkeit macht, rühren sich diese alten Daseinsmächte in ihm und ziehen ihn mit Gewalt um Jahrzehnte zurück in die Zeit seines Anfangs; sie zwingen ihn, ohne daß er selbst es merken würde, wie automatisch dazu, sich ganz so zu verhalten wie in den ersten Jahren seines Lebens. So bleibt er an diese Urzeitgötter seiner Vergangenheit gebunden und findet nicht den Mut, sich diesen Scheingötzen zu stellen.

Es würde die gesamte Kraft des *Glaubens* dazu gehören, gegen die Angst der eigenen Vergangenheit anzutreten und ein eigenes Leben zu beginnen. Ein für allemal müßte er dann denken, daß es nur Gott zusteht, Erde zu nehmen und einen Menschen daraus zu formen, und daß kein Mensch daher das Recht hat, einen anderen wie ein Stück Dreck zu behandeln, das er nach seinem Belieben kneten und formen könnte. Er müßte denken, daß Gott *sein* Leben will. Und sich ein *neues* Jahr zu wünschen – das würde für ihn heißen, daß er im Vertrauen zu Gott lernen würde, die Last des ewig nur Vergangenen und Zukunftslosen abzuschütteln und überhaupt zu glauben, daß es für ihn ein anderes, ein eigenes, ein neues Leben gibt.

Ein anderer vielleicht wagt nicht, an die Vergangenheit zu denken, weil er darin eine bestimmte *Schuld* wahrnimmt, die ihn nicht losläßt und ihn verfolgt wie ein Verbrechen. In Wahrheit ist vielleicht gar nichts passiert, für das man sich zu schämen hätte, ein Kinderstreich, eine harmlose Jugendsünde vielleicht, aber dem Betreffenden erschien sie damals so schlimm, daß er sich niemals getraut hat, davon auch nur ein Wort zu sagen. Statt dessen hat er sich immer nur schuldig gefühlt. Vor allem meinte er, sich zurückziehen oder verstecken zu müssen, so daß er eine Vergangenheit hatte, die er eigentlich nicht haben durfte, für die er sich schämte und die er ständig zu verstecken suchte. Sein Leben verwandelte sich damit zusehends in einen Kriminalfall, indem alle Energie fortan nur noch dafür verbraucht wurde, die Vergangenheit unsichtbar und ein bestimmtes Ereignis darin ungeschehen zu machen.

In Wahrheit aber läßt sich natürlich nichts ungeschehen machen; und so wird die Vergangenheit immer mehr zur Falle; alles kreist um sie, um den einen Punkt, der eigentlich nicht gewesen sein dürfte, und man gehört ihr um so unentrinnbarer, je mehr man sich bemüht, von ihr loszukommen.

Das ganze Geheimnis der Vergangenheit besteht darin, daß man von ihr nur loskommt, wenn man sie annimmt. Aber gerade dazu bedürfte es wiederum des Glaubens. Denn gerade der Glaube erklärt, daß es das bei Menschen Unmögliche gibt: die Umwandlung der Schuld in Vergebung, die Möglichkeit, daß das sein darf, was nie hätte sein dürfen, die Möglichkeit, mit dem zu leben, für das man nie hätte leben sollen. Im Glauben allein gewinnt man die Freiheit, zu dem zu stehen, was alle anderen eigentlich nur verurteilen können; Gott allein kennt uns ganz; ihm gegenüber braucht man nichts zu verbergen. Erst in der Vergebung der alten Schuld kann das Leben weitergehen und hört auf, an der Vergangenheit festzukleben. Mit dem Wunsch eines Neuen Jahres verbinden wir daher den Wunsch der Befreiung von Schuld, den Wunsch und die Zusicherung von Vergebung.

Das genaue Gegenstück zu dem Verlust der Vergangenheit in dem Umkreis von Angst- und Schuldgefühlen ist die Zerstörung der *Zukunft* aufgrund von Angst- und Minderwertigkeitsgefühlen. Sie können sich in dem Empfinden äußern, daß es im Grunde überhaupt keine Zukunft gebe; es ist das Gefühl, daß nichts mehr geht, weil man doch alles nicht mehr schaffen kann oder weil es doch im Grunde nur immer schlimmer wird oder weil man einfach nicht mehr denken kann, daß es jemals gut wird. Alles scheint nicht mehr voranzugehen, als wenn man vor einem riesigen Berg oder – schlimmer noch – vor einem ungeheuren, gähnenden Loch stünde; man fühlt sich wie blockiert, es fehlt einem jede Perspektive, das ganze Leben erscheint wie ausweglos, denn eben: Zukunft zu haben, das wäre der Ausweg. Und doch ist es, bei Licht besehen, gerade umgekehrt; tatsächlich muß nämlich jemand, der unter einer solchen Zukunftslosigkeit leidet, eigentlich immerzu an die Zukunft denken; immerzu geht ihm durch den Kopf, was in seinem Leben geschehen könnte, welche Aufgaben ihn erwarten, welche Konflikte auf ihn zukommen. In Form von Sorgen lebt er ständig in der Zukunft, so daß man schon sagen muß: Er hat keine Zukunft, weil die Zukunft ihn mit ihren drohenden Möglichkeiten ganz und gar besetzt hält.

Auch für einen solchen Menschen besteht die einzige Form, in der er zu einer eigenen Zeit und Geschichte gelangen könnte, im Glauben. Das «Neue», das wir ihm im Glauben wünschen, wäre das Bewußtsein, daß er seine Zukunft einmal nicht allein selbst zu machen und zu verantworten braucht, sondern daß er das Kommende *empfangen* darf, daß er endlich von dem Gefühl loskommt, nur von allen Seiten durch an sich unlösbare Aufgaben umstellt zu sein, und daß statt dessen das Empfinden wächst, leben zu dürfen und selber auch ein gewisses Recht an Selbstvertrauen zu besitzen, eben weil es kein Fehler gewesen sein kann, als Gott ihn erschuf.

An dieser Stelle berührt sich diese Variante der Zukunftslosigkeit mit dem nur scheinbar völlig entgegengesetzten Bestreben mancher Leute, nur in die Zukunft hineinzufliehen; solche Menschen *haben* ebenfalls keine Zukunft, weil sie ständig in der Zukunft *sind.* Sie stürzen aus der Gegenwart fort, um ihrer eigenen Wirklichkeit zu entkommen. Sie greifen alles Neue und jede Veränderung begierig auf, weil ihnen alles, was immer es sei, lieber ist als das, was sie antreffen; sie finden im Hintergrund ihres Hungers nach Veränderung alles Gegenwärtige unterträglich. Aber indem sie das, was ist, zu überspringen suchen, verliert sich alles unter den Füßen; dem Bogen reißt die Sehne, von dem aus man den Pfeil in die Zukunft schießen will. Denn weil man die Zukunft nur sucht, um die Gegenwart zu verleugnen, geht die Kontinuität, die Verbindung zur Gegenwart verloren. Und alles bleibt beim alten, gerade weil alles neu sein soll. Die Nur-Zukunft verurteilt gerade zur Nur-Gegenwart, zum Verlust der Zukunft.

Damit es etwas wirklich Neues gibt, müßte es etwas in der Gegenwart geben, das wirklich sein und Bestand haben dürfte.

Und *das* gerade ist es, was der Glaube lehren kann: daß man ein Stück weit vor Gott berechtigt ist, so zu sein, und daß man die Gegenwart annehmen darf in dem Vertrauen, daß Gott niemals völlig andere Menschen haben will, weil vor Gott niemals alles gänzlich falsch sein kann. Der Wunsch zum Neuen Jahr bedeutet hier, daß man im Glauben lernt, das, was geworden ist, zu akzeptieren und die Geduld zu üben, daran anzuknüpfen.

In allen Fähigkeiten ist es ganz allein der Glaube, der die Kraft verleiht, die Dimensionen von Vergangenheit und Zukunft auszuhalten. Das gleiche gilt nun für die *Gegenwart*. Man kennt die Menschen, welche die Gegenwart zu einem Nichts zusammenziehen und sich nie auf irgend etwas Gegenwärtiges wirklich einlassen können. Ständig sind sie schon über das Gegenwärtige mit neuen Plänen und Projekten hinaus. Nie haben sie Zeit, und es gibt in ihrem Leben kein Verweilen, keine Dauer, keinerlei Festigkeit, alles ist in Eile und Hast, ihr Leben ist eine einzige brodelnde Magmamasse, aus deren Rauch alles mögliche aufsteigen kann. Und wenn man nachschaut, woher dieses Fehlen der Gegenwart, dieser künstliche Schrumpfungsprozeß der Zeit stammt, so wird man bemerken, daß Menschen dieser Art keine Zeit *haben* können, weil sie *nur* in der Zeit leben, weil es in ihrem Leben niemals einen Ausblick auf etwas an sich Gültiges und Bleibendes gibt, weil ihrem Leben mit anderen Worten die *Ewigkeit* fehlt. Man kann nur wirklich in der Zeit leben, wenn man weiß, daß es mehr gibt als die Zeit; man kann sich dem Strom der Veränderung nur überlassen, wenn es etwas Unwandelbares, Zeitloses gibt, von dem her alles sein Maß und Ziel erhält.

Das könnte uns der Glaube daher lehren: Zeit zu haben im Bewußtsein der Ewigkeit; die Veränderungen und das Veränderbare zu relativieren in der sicheren Gegenwart dessen, was ewig gilt und bleibt, ohne daß wir es hervorbringen müßten; und Ruhe zu finden in dem Gedanken, daß Gott in ewiger Gegenwart schon *ist*. Wenn alles nur in der Zeit davonstürzen würde, könnten wir heute einander nicht wirklich ein Neues Jahr wünschen, denn es gäbe niemals eine wirkliche Zäsur im Strom der Zeit; etwas wirklich Neues – das setzt voraus, daß wir einmal innehalten und Zeit *haben,* nicht nur Zeit *sind;* und dazu brauchen wir den Glauben, der uns an unsere ewige Bestimmung und unser ewiges Sein erinnert.

Es gibt daneben – neben dem Verlust der Zeit durch den Verlust der Ewigkeit – die andere Gefahr: die Zeit aufzulösen als etwas Verächtliches und alles in einem ewigen Augenblick erstarren zu lassen, weil man im Grund *nur das Ewige* und Dauerhafte gelten läßt und alles Vergängliche verwirft, nur schon, weil es vergänglich ist. Einem solchen Leben fehlt die *Zeitlichkeit,* ja es leidet darunter, in einem ewigen Heute auf der Stelle zu treten und überhaupt kein Morgen, keine Zukunft, keine Entwicklung mehr zu kennen. Aus Angst vor der Veränderung der Zeit versteinert solch ein Dasein zu einer Pharaonenmaske; es lebt so sehr in der Magie der Ewig-Gültigen, es trachtet so sehr danach, sich selber in ein unzerstörbares Monument zu verwandeln, daß es in Wahrheit darüber ganz und gar zu leben versäumt und buchstäblich im Nichts versinkt. Es verlangt so sehr nach der Ewigkeit, daß es am Ende nichts erreicht und gänzlich von der Vergänglichkeit verschlungen wird. Der Wunsch nach der Vernichtung der Zeit endet in einem nichtigen Traum, denn nur Gott ist ewig. Wenn Menschen sich wünschen, sie möchten von den Störungen der Zeit befreit sein, so wünschen sie sich damit eigentlich den Tod.

Im Leben gibt es nur eine Art, die Zeit auszuhalten: daß man im Vertrauen auf Gott und mit dem Maßstab dessen, was bei Gott immer gilt, sich in die Wirklichkeit hineingetraut und den Mut bekommt, darin etwas zu ändern, gerade weil man nicht in jedem Augenblick etwas für die Ewigkeit bauen und machen muß, gerade weil es genügt, ein Mensch zu sein, wenn es Gott gibt.

So wünschen wir uns beim Wunsch für ein glückliches Neues Jahr im Grund eigentlich nur *Glauben.* Der Glaube gibt uns jene Freiheit, die dazu nötig ist, Zeit und Geschichte zu erleben. Der Glaube schenkt uns die Versöhnung mit vergangener Schuld und löst uns aus den alten Ängsten längst vergangener Erschütterungen; der Glaube dämpft die Angst, mit der wir voller Sorgen an die Zukunft denken und sie in Wahrheit gerade damit in die pure Aussichtslosigkeit verwandeln; nur der Glaube gibt uns das Vertrauen zu uns selbst und unserer eigenen Wirklichkeit, so daß wir davon lassen können, die Zukunft als ein Traumland leerer Utopien, als den reinen Gegensatz zur Gegenwart zu wollen und darüber in Wahrheit jede Zukunft zu verlieren; allein der Glaube ist es, der uns lehrt, Zeit sich zu gönnen und zu haben im Vertrauen auf die Ewigkeit und in die Zeit zurückzukehren in dem Bewußtsein, daß sie uns nicht auffrißt, wenn wir in Gott gesichert sind. Dies ist es, was wir uns im Grunde in jedem Neuen Jahr wünschen: daß wir in Gott gesichert sind, möge gewesen sein, was will, und möge kommen, was da wolle; – daß wir vor Gott *sind,* macht, daß wir ein wirklich *Neues* Jahr erleben dürfen.

Neues Jahr – wie die Zeit
an uns arbeitet[3]

Die Nacht der guten Wünsche und der guten Vorsätze ist vorüber, wenn ein neues Jahr beginnt. Staatsmänner, Würdenträger aus dem öffentlichen Leben haben es in ihren Festtagsreden gebührlich begrüßt. Und wir brauchen uns nicht der Anmaßung schuldig zu machen, uns mit ähnlichen Worten in diese feierliche Schar der Honoratioren einzureihen. Wir wollen uns nur die Zeit gönnen, darüber nachzusinnen, was im Wechsel der Zeit das ist: ein neues Jahr, und beten, daß dies wirklich sei: Erneuerung.

Unsere ein wenig rohen und noch ungebildeten Vorfahren, die altehrwürdigen Germanen, wurden alljährlich in der Zeit der Sonnenwende von einer merkwürdigen Angst befallen. Sie lebten in der Furcht, die bösen Geister könnten die Zeit zurückhalten und die Heraufkunft eines neuen Jahres vereiteln. Mit Lärm und Fackeln, Tanzen und verzückten Schreien suchten sie daher die Dämonen zu verjagen, ein Brauch, der heute in unserer anderen, aber in diesem Punkt nicht so neuen Zeit den Deutschen Michel am Silvesterabend rund 140 Millionen DM kostet. Nun werden zwar Dämonen nicht mit Krach und Feuer ausgetrieben, doch der Gedanke der Germanen ist tief und bedenkenswert. Kann es nicht sein, daß die Macht der Vergangenheit die Zukunft fernhält und verhindert, daß das, was war, das Alte, sich weiterhin behauptet und kein Neues zuläßt, daß es kein neues Jahr gibt, sondern nur das alte bleibt, daß alles, was war, sich einfach so fortsetzt, wie es gewesen ist? Daß alles unverändert auf der Stelle tritt? Wenn wir einander ein Neues Jahr wünschen, meinen wir damit nicht im Grunde, daß das Alte vergangen und vorüber sein kann? Aber die Mächte, die uns zwingen können, immer nur nach rückwärts zu starren, und die uns nach vorn wie vor eine schwarze Wand stellen, liegen in uns selbst, und daher ist die Frage nach dem neuen Jahr die Frage, wie wir von uns selbst loskommen.

Manche Neujahrswünsche sind wie eine Aufforderung, vor dem eigenen Schatten zu fliehen. Sie lassen sich mit dem Bild vergleichen, das S. Kierkegaard einmal von den sogenannten guten Vorsätzen gebraucht hat. Nach einem Platzregen im Herbst, als die Sonne wieder durch die Wolken bricht, läßt ein Junge auf einem Acker seinen Drachen steigen: Höher und höher steigt der Drache, und die Gedanken des Jungen begleiten ihn: mein Drache, höher, höher; aber der Junge merkt nicht, daß er selbst mit seinen Füßen in einer Pfütze steht. So ähneln die Wünsche und Vorsätze zum Neuen Jahr oft Höhenflügen, die nur den Zweck verfolgen, vom eigenen Standort abzusehen, sich selbst nicht mehr anschauen zu müssen und das Treten auf der Stelle erträglicher zu machen. Wie aber kann man denn die eigenen Unansehnlichkeiten ansehen lernen? Wie kann man dem Ansinnen entsprechen, über die eigene Sinnlosigkeit nachzusinnen?

Ernst Jünger hat in seinem Essay von dem «Mann im Mond» einmal die Flucht in die Betäubung portraitiert, die von dem Empfinden ausgeht, daß alles sinn- und hoffnungslos irgendwie so bleiben wird, wie es ist. Der «Mann im Mond» lebt in einer beziehungslosen, kalten, erfrorenen Welt, einer Wüstenei, und er stellt fest: «Hinsichtlich eines Sinnes – das heißt, hinsichtlich einer erkennbaren Ordnung in der Geschichte – ist mein Dasein hoffnungslos wie sonst keines auf der Erde. Ich – als Mann auf dem Mond – könnte nirgendwohin den Sinn verlegen. Seit ich es aufgegeben habe, über den Sinn meines Lebens zu grübeln, befinde ich mich ganz leidlich.» Man hört hier auf, unter der Sinnlosigkeit zu leiden, indem man die Frage verdrängt, wozu man da ist und was das soll: dasein. Das Gefühl, nutzlos und überflüssig irgendwo in Einsamkeit und Kälte herumzustehen, dieses unausstehliche Stehen auf derselben Stelle nötigt irgendwie, sich zu vergessen. Man kann nur tun, was man über die Eingangstüren der Hölle schreiben könnte: so weitermachen.

Dabei kann diese Formel «weitermachen» auch alles Glück ausdrücken. Wie gern wünschen wir heute manchem, daß er so bleiben möge, wie er ist, daß er so weitermachen möge, wie er begonnen hat. Die Frage, die zwischen Himmel und Hölle entscheidet, ist, ob ich bei dem Blick in die Vergangenheit mich selber akzeptieren oder nur ablehnen und verachten kann. Meiner Vergangenheit kann ich nicht entfliehen, der Zeit, die verrinnt, kann ich nicht entrinnen, in diesem Sinne kann ich mir nicht entkommen; höchstens, daß ich die Wände meines Gefängnisses vergesse und mich fortträume in eine Wolkenwelt oder narkotisiere und abstumpfe. In diesem Sinne kann also auch ein neues Jahr nicht neu sein; es kann nicht der Anfang eines anderen Lebens sein.

Aber es ist möglich, daß sich mein Leben verwandelt, daß ich bei dem Blick nach rückwärts, auf das vergangene Jahr und weiter zurück in die Vergangenheit, auf alles, wie es gekommen und geworden ist, den Weg erkennen kann, den Gott selbst mich geführt hat, meinen Weg, und daß ich dabei bleiben und darauf weitergehen kann. Dann erhält überhaupt das Gefühl für Zeit und für Geschichte für die eigene Vergangenheit und für die eigene Zukunft eine Bedeutung; das Empfinden verschwindet, auf der Stelle zu treten. Es wird klar eine Linie sichtbar: Bis hierher bin ich gegangen; hier stehe ich jetzt; das ist aus mir geworden; so bin ich. Und es taucht ein weiterer Weg auf: Ich kann mir sagen: So geht es weiter, so kann es immer weitergehen; ich habe eine Zukunft; mein Leben darf sich fortsetzen. So gibt es wirklich etwas Neues, das ich erwarten kann; so gibt es etwas, das war, und etwas, das kommen wird. Ich kann bejahen, was ich geworden bin, und ich kann ohne Furcht auf den Horizont schauen, hinter dem das Unbekannte, das ich sein werde, auf mich wartet.

Im Grunde ist die Dankbarkeit für das Vergangene und die Erwartung und die Hoffnung auf das Kommende eine Folge des Glaubens. Was dies sein müßte, hat Franz Kafka in der berühmten Parabel von der «kaiserlichen Botschaft» aufgezeichnet. «Der Kaiser – so heißt es – hat Dir, dem Einzelnen, dem jämmerlichen Untertanen, dem winzig vor der kaiserlichen Sonne in die fernste Ferne geflüchteten Schatten, gerade Dir hat der Kaiser von seinem Sterbebett aus eine Botschaft gesendet.» Kafka beschreibt,

wie die Botschaft ewig auf der Strecke bleibt und niemals an-
kommt, wie der Bote sich nutzlos abmüht, den Adressaten zu erreichen, aber nie aus den Gemächern des königlichen Palastes
entkommen kann – «Du aber sitzt an Deinem Fenster und er-
träumst sie Dir (die Botschaft), wenn der Abend kommt.» – Es ist
ein Bild von der Sehnsucht nach dem, was eigentlich sein müßte;
es ist ein Bild von dem Verlangen nach Glauben, wie es oft jahre-
lang auch unser Leben als Christen heimsuchen kann: ein trauri-
ges Warten an einem Fenster, durch das bald die Nacht herein-
schauen wird, eine Art Untergangsstimmung, ein wie endgültig
anmutender Dämmerungszustand, der langsam immer mehr
Licht verschwinden zu lassen droht, ein Warten auf etwas, darauf
zu warten man nicht lassen kann und an dessen Erfüllung man
doch nicht glauben mag, eine Sehnsucht nach etwas, das einem
wie unmöglich vorkommt, man weiß aber: worauf man wartet, ist
etwas ganz und gar Persönliches, etwas, das nur meiner scham-
haft versteckten, meiner ängstlich verkrochenen, meiner Winkel-
existenz gilt, etwas, das mein verschrecktes und verscheuchtes,
verängstigtes und verborgenes Leben wieder in Ordnung bringen
würde, wieder ins rechte Licht stellen könnte, etwas, das mich zum
Erben und zum Testamentsvollstrecker Gottes machen würde.
Das ganze Christentum ist vermutlich nichts anderes als die Ent-
deckung, daß gerade eine solche kaiserliche Botschaft mich erreichen kann. Wohl deshalb begeht die Kirche in der alten Festord-
nung am Sonntag nach Neujahr das Fest des Namens Jesu: daß
irgendein Wort Jesu, etwas von dem, was er getan hat, etwas, das
durch ihn von Gott selber an mich adressiert ist, in meine Seele
fällt, daß ich feststelle: Ja, so ist es! – es müßte nicht so ein: es ist
so; es wäre nicht nur schön, wenn es das gäbe – es ist tatsächlich
so; es ist nicht nur ein Wort von außen, es ist ein Stück von mir.
    Eine solche Entdeckung verwandelt alles. Alles wird wirklich
neu. Ich bin derselbe Mensch, kein anderer, und doch ein neuer
Mensch. Es ist ja gleich, woran ich das erfahre, an welchem Wort
Jesu, an welchem Wunder, das er wirkte: An jeder Stelle führt ein
Gang ins Innerste, zu allem, was Jesus hat sagen wollen; an jeder
Stelle berührt Gott. Jemand z. B. hat nach langem Ringen sich sel-

ber dazu durchgerungen, sein ganzes Leben einer Revision zu unterziehen; es ging einfach nicht weiter; er stand da wie am Ende einer Sackgasse; er hielt den ständigen Zwang, ein anderes, ein fremdes Leben, eine Rolle spielen zu müssen, nicht mehr aus; er wollte nicht mehr länger vor sich selber auf der Flucht sein; er wagte es, sich selbst im Spiegel Gottes zu betrachten. Und er entdeckte, daß es stimmt, ganz wörtlich stimmt: «Die Wahrheit wird euch freimachen» (Jo 8,32). Nichts mehr verbergen zu müssen, nichts mehr verstecken zu müssen, spüren zu dürfen, daß das eigene Leben vor Gott eine Berechtigung besitzt – diese kaiserliche Botschaft, diese traurigen Träume an dem abendlichen Fenster sind erfüllt, sind eingetroffen. Ein neues Leben hat begonnen, und Freude hat die Traurigkeit verwandelt.

Ein anderer hat zeit seines Lebens unter einem Gebrechen, einem Fehler, einem Versagen, einem heimlichen Laster gelitten. Niemals hat er gewagt, davon zu sprechen, nur daß er sich wie unmöglich, wie ganz verdammenswert vorkam. Hundertmal hätte er sich innerlich in den Staub werfen mögen, wegwerfen mögen, in die Gosse werfen mögen. Da liest er die Erzählung von der Sünderin, die sich unter Tränen Jesus zu Füßen wirft, und er sagt zu ihr: «Deine Sünden sind dir vergeben» (Lk 7, 48). Daß dies das letzte Wort Gottes über unsere Schuld ist, daß alles, alles bei Gott gut sein kann, daß es ganz wörtlich stimmt, wenn Jesus zu der Sünderin hinzugefügt: «Geh in Frieden!» (Lk 7,50) – das kann ein ganzes Leben von Grund auf verwandeln. Nicht verurteilt zu sein, leben zu dürfen, mit allem vor Gott sein zu dürfen – das macht ein neues Leben aus, das schafft tatsächlich einen neuen Anfang, das teilt das Leben in das, was gewesen und vorüber ist, und das, worauf ich hoffen darf, mich freuen darf, was Gott für mich bereithält.

Am Neujahrsmorgen geht es um nichts anderes, als uns allen Mut zu machen, an diese Möglichkeit eines neuen Anfangs zu glauben. Man kann diesen neuen Anfang nicht machen und planen. Er kommt nicht pünktlich mit der Präzision der Erdbahn um die Sonne. Und doch ist es wichtig, daß unser Leben selbst in den Zeiten der Hoffnungslosigkeiten, der grauen Traurigkeiten und des allzu langen Wartens an den abendlichen Fenstern nicht aufhört, sich weiter um Gott zu drehen, daß wir nicht aufhören, an das Eintreffen der Botschaft zu glauben.

Vielleicht ist das jetzt folgende ein extremes Beispiel, aber gerade deshalb sei es erzählt; es zeigt, daß das Unmögliche möglich ist und sich in einem Augenblick ereignen kann, daß es den neuen Anfang wirklich gibt, daß es sich lohnt, den zähen Glauben und die Sehnsucht nach Gott festzuhalten, selbst wenn sie ohne Hoffnung scheint.

Vorausgeschickt sei, daß es kaum jemanden geben wird, dem die Zukunft so quälend unter der eigenen Schuld, unter der Hypothek des eigenen Daseins verriegelt und verschlossen erscheinen muß wie einem dem Laster Verfallenen, wie einem der Sucht Ausgelieferten, zumal, wenn ein solcher Mensch wach und empfindsam ist – und wenn er zudem noch an Gott glaubt, also nicht nur immer wieder etwas Selbstzerstörerisches tut, sondern es noch dazu in jedem Augenblick unter den Augen Gottes begeht. Ein solcher Mensch war über Jahre seines Lebens hin der große russische Dichter *Dostojewski*. Im größten Elend lebend, auf der Flucht vor seinen zahlreichen Gläubigern hatte Dostojewski nur in seiner Gattin Anna Grigorjewna einen Begleiter und Gefährten seiner Not, einen Menschen, mit dem ihn die gegenseitige Liebe verband. Immer wieder aber geschah es, daß Dostojewski von der Spielleidenschaft anfallartig heimgesucht wurde; rätselhaft und unerklärlich trieb es ihn zum Roulette, und er verspielte alles, alles. Er, der sich selbst unsäglich seiner Haltlosigkeit schämte, mußte seine eigene Gattin bitten, ihren Ring, sogar ihren Mantel, ihr letztes zu versetzen – und trug selbst das noch an die Spielbank. Die Gattin Dostojewskis, diese wunderbare Frau, vergab und verzieh, immer wieder, ohne Vorwürfe. Aber Dostojewski litt, auch unter dem Verzeihen – der Anblick seiner kranken Kinder, die ständige Not, die marternden Selbstzweifel an dem eigenen Talent treiben ihn wie zur Bestätigung seiner Schändlichkeit, wie zum Beweis seiner Unfähigkeit, aber auch immer wieder in der Hoffnung auf eine magische wunderbare Wende unwiderstehlich in die Kasinos. Da schreibt Dostojewski am 28. April 1871, an einem Freitag, aus Wiesbaden einen Brief an seine Gattin, der zu einem der größten Dokumente der inneren Befreiung und des Triumphes eines neuen Anfangs geworden ist. Dostojewski beschreibt, wie er, erneut von anfänglichen Erfolgen beim Spiel genarrt, 30 Taler, den gesamten Besitz, vertut. Aber in diesem Moment überkommt ihn die Gewißheit, daß er nie wieder spielen wird, daß er die Illusion, die in diesem Laster liegt, nicht mehr brauchen wird. Und er bittet seine Gattin: «Anja, ich liege zu Deinen Füßen und küsse sie, und ich weiß, daß Du das volle Recht hast, mich zu verachten als auch zu denken: Er wird doch wieder spielen. Wobei soll ich Dir nur schwören, daß ich es nicht mehr tun werde . . . Glaube mir. Glaube mir ein letztes Mal . . . Mir ist, als wäre ich sittlich ganz neu geboren (das sage ich Dir und Gott), und wenn ich mich in diesen drei Tagen nicht so sehr um Dich quälte . . . so wäre ich beinahe glücklich . . . Mir ist etwas Großes widerfahren, verschwunden ist die lasterhafte Phantasie, die mich fast 10 Jahre geplagt hat . . . Jetzt ist alles vorbei! Das war wirklich das allerletzte Mal! Wirst du mir glauben, Anja, daß meine Hände jetzt frei sind? Ich war durch das Spiel gefesselt! ich werde jetzt an die Arbeit denken . . . und Gott wird sie segnen! Anja, bewahre mir Dein Herz, hasse mich nicht, entziehe mir Deine Liebe nicht. Jetzt, wo ich ein neuer Mensch geworden bin, wollen wir zusammen weitergehn, und ich werde alles tun, daß Du glücklich wirst . . . Ich werde in diesen Tagen ein neuer Mensch sein und ein neues Leben beginnen . . . von nun an werde ich Dich nie mehr quälen!»

Daß einmal alles vorbei sein kann, selbst ein Laster, selbst ein Zwang, der das Leben in Schuld und Chaos zu ertränken drohte, daß es wirklich einen neuen Anfang geben kann, daß die Mächte der Vergangenheit die Zukunft nicht vereiteln müssen – wie sehr ist das allen zu wünschen! Und es ist ja auch nicht einfach das Vergangene, das Schuldhafte, das Leidvolle nur vorbei; es geht mit in die Zukunft hinein, verwandelt, neu, als Chance. Undenkbar, daß Dostojewski, dieser große Kenner der menschlichen Seele, dieser alles verstehende, einfühlende, selbst das Ungeheuerliche im Menschen begreifende Dichter geworden wäre ohne die unsägliche Qual von Scham, Verzweiflung, Laster, ohnmächtiger Reue und vollkommener Erniedrigung; undenkbar, daß er so abgrund-tief in der menschlichen Seele hätte loten können, ohne selbst in diese Abgründe gestiegen oder besser: geworfen worden zu sein. Wenn es überwunden ist, dann gilt, was ein chassidisches Sprich-wort sagt: «Nur wer tief hinabsteigt, findet die Kraft, wieder hoch hinaufzusteigen.»

Dieser Glaube an die Möglichkeit eines wirklich neuen Lebens spricht auch aus einem Gedicht von Hermann Hesse. Es heißt: «Der Heiland» und zeigt, daß «immer wieder» uns die Tür zu unserer Erlösung aufgeschlossen werden kann:[4]

«Immer wieder wird er Mensch geboren,
Spricht zu frommen, spricht zu tauben Ohren,
Kommt uns nah und geht uns neu verloren.

Immer wieder muß er einsam ragen,
Aller Brüder Not und Sehnsucht tragen,
Immer wird er neu ans Kreuz geschlagen.

Immer wieder will sich Gott verkünden,
Will das Himmlische ins Tal der Sünden,
Will ins Fleisch der Geist, der ewige, münden.

Immer wieder, auch in diesen Tagen,
Ist der Heiland unterwegs, zu segnen,
Unsern Ängsten, Tränen, Fragen, Klagen
Mit dem stillen Blicke zu begegnen,
Den wir doch nicht zu erwidern wagen,
Weil nur Kinderaugen ihn ertragen.»

Anmerkungen

1 Erschienen in: Goldegger Dialoge 12: ZEIT-Erleben. Zwischen Hektik und Müßig-gang, 10.–12. Juni 1993, Kulturverein Schloß Goldegg.
2 Neujahrspredigt in der St. Georgs-Gemeinde, Paderborn.
3 Neujahrspredigt in der St. Georgs-Gemeinde, Paderborn.
4 Aus: Stufen. Ausgewählte Gedichte, S. 186, Suhrkamp Verlag 1976.